COMPLEXO,
ARQUÉTIPO
E SÍMBOLO

Dados Internacionais de Catalogação na Publicação (CIP)
(Câmara Brasileira do Livro, SP, Brasil)

Complexo, arquétipo e símbolo na psicologia de
C.G. Jung / Jolande Jacobi ; com prefácio de C.G.
Jung e 5 ilustrações ; tradução de Milton Camargo
Mota. – Petrópolis, RJ : Vozes, 2016. –
(Coleção Reflexões Junguianas)

Título do original : Komplex, Archetypus, Symbol in der
Psychologie C.G. Jungs

5ª reimpressão, 2023.

ISBN 978-85-326-5328-4

1. Arquétipo (Psicologia) 2. Complexos (Psicologia)
3. Jung, Carl Gustav, 1875-1961 4. Psicanálise
I. Jung, C.G. II. Título. III. Série.

16-06447   CDD-150.1954

Índices para catálogo sistemático:
1. Arquétipos : Psicologia junguiana   150.1954

Jolande Jacobi

COMPLEXO, ARQUÉTIPO E SÍMBOLO
Na psicologia de C.G. Jung

Com prefácio de C.G. Jung e 5 ilustrações

Tradução de Milton Camargo Mota

Petrópolis

Publicado inicialmente em 1957 por Rascher Verlag
© 2010 Patmos Verlag der Schwabenverlag AG, Ostfildern

Tradução do original em alemão intitulado *Komplex, Archetypus, Symbol in der Psychologie C.G. Jungs*

Direitos de publicação em língua portuguesa:
2016, Editora Vozes Ltda.
Rua Frei Luís, 100
25689-900 Petrópolis, RJ
www.vozes.com.br
Brasil

Todos os direitos reservados. Nenhuma parte desta obra poderá ser reproduzida ou transmitida por qualquer forma e/ou quaisquer meios (eletrônico ou mecânico, incluindo fotocópia e gravação) ou arquivada em qualquer sistema ou banco de dados sem permissão escrita da editora.

CONSELHO EDITORIAL

Diretor
Volney J. Berkenbrock

Editores
Aline dos Santos Carneiro
Edrian Josué Pasini
Marilac Loraine Oleniki
Welder Lancieri Marchini

Conselheiros
Elói Dionísio Piva
Francisco Morás
Gilberto Gonçalves Garcia
Ludovico Garmus
Teobaldo Heidemann

Secretário executivo
Leonardo A.R.T. dos Santos

Editoração: Flávia Peixoto
Diagramação: Sheilandre Desenv. Gráfico
Revisão gráfica: Nilton Braz da Rocha / Nivaldo de S. Menezes
Capa: Omar Santos
Ilustração de capa: Mandala produzida por uma paciente de Jung e reproduzida por ele em *Os arquétipos e o inconsciente*, vol. 9/1 da Obra Completa. 5. ed. Petrópolis: Vozes, 2007, p. 341, nota 182.
Arte-finalização: Editora Vozes

ISBN 978-85-326- 5328-4

Este livro foi composto e impresso pela Editora Vozes Ltda.

Sumário

Prefácio, 7

Parte I – Complexo, arquétipo e símbolo, 11

Complexo, 15
　Os grupos de representações emocionalmente
　　acentuados no inconsciente, 15
　Autonomia dos complexos, 19
　Sobre a fenomenologia do complexo, 25
　A diferença entre as concepções de Jung e Freud, 29
　Sobre os dois tipos de complexos, 33
　Complexos pertencem à estrutura básica da psique, 37
　Neurose e psicose, 39

Arquétipo, 43
　A essência do arquétipo, 43
　A evolução histórica do conceito de arquétipo em Jung, 45
　Arquétipo, instinto e estrutura do cérebro, 48
　O aspecto biológico do arquétipo, 52
　Compreensão realista e simbólica, 60
　Arquétipo e ideia platônica, 64
　Os arquétipos não são imagens herdadas, 65
　Arquétipo e "Gestalt", 68
　Hierarquia de arquétipos, 71
　Sobre o inconsciente coletivo, 75
　Arquétipo e sincronicidade, 78
　Arquétipo e consciência, 82
　Um exemplo derivado de um sonho, 86

Símbolo, 91
  Arquétipo e símbolo, 91
  O que é um símbolo?, 95
  Símbolo e signo, 97
  O símbolo em Freud e Jung, 107
  O símbolo como mediador, 113
  O símbolo como transformador de energia, 118
  Símbolos individuais e coletivos, 122
  O eu entre a consciência coletiva e o inconsciente
    coletivo, 130
  Os símbolos do processo de individuação, 133
  A capacidade da psique de transformar símbolos, 136
  Resumo, 139

Parte II – Arquétipo e sonho, 145

Introdução, 147

O sonho do animal mau, 160
  O duplo aspecto do animal, 164
  Dragão e serpente, 166
  O chifre, 171
  O ofídeo com chifres, 173
  Espetar e devorar, 175
  O duplo aspecto psicológico, 178
  Os pequenos animais, 181
  A névoa azul, 183
  O quatro, 188
  Um e quatro, 192
  O renascimento, 198
  A viagem noturna por mar, 202

Conclusão, 215

 Prefácio

O problema tratado por este livro tem-me ocupado faz muito tempo. Lá se vão 50 anos desde que, graças aos resultados do experimento de associação, reconheci a importância dos complexos na vida consciente. O que mais me impressionou nisto foi a peculiar autonomia dos complexos em comparação com outros conteúdos da consciência. Ao contrário destes, que estão sob o controle da vontade e vêm ou vão de acordo com suas instruções, os complexos ou se impõem à consciência, rompendo sua influência inibidora, ou escapam súbita e obstinadamente à sua intenção de forçá-los à reprodução. Os complexos têm um caráter não só *obsedante*, mas também muitas vezes absolutamente *possessivo*, comportando-se, portanto, como duendes e gerando todos os tipos de lapsos, falhas de memória e julgamento, que podem ser irritantes, ridículos e traiçoeiros. Eles frustram a capacidade de adaptação da consciência.

Não foi difícil ver que os complexos devem sua relativa autonomia à sua natureza emocional; suas manifestações repousam numa rede de associações que se acumulam em torno de um centro carregado de afetos. A emoção central mostrava ser, geralmente, uma aquisição do indivíduo e, portanto, uma questão puramente pessoal. Com o aumento da experiência, constatou-se, entretanto, que os complexos não são imprevisivelmente variáveis, mas pertencem, em geral, a determinadas categorias que logo começaram a ganhar suas designações universalmente conhecidas e, por assim dizer, populares, como, por exemplo, complexo de inferioridade, de autoridade, complexo paterno, materno, complexo de ansiedade etc. Este fato – o de que há tipos de complexos bem caracterizados e reconhecíveis – já indica que eles se baseiam em princípios igualmente típicos, isto é, em disposições emocionais ou *instintos*. Estes se manifestam em fantasias, atitudes e ações irrefletidas, involuntárias, que, por um lado, se relacionam entre si em conformidade interna e, por outro, são idênticas às reações instintivas específicas do *homo sapiens*. Instintos têm um aspecto dinâmico e um aspecto formal. Este último se expressa, por exemplo, em fantasias que podem ser identificadas, por assim dizer, em todos os lugares e em todos os momentos numa semelhança surpreendente, como era de esperar. Tal como os instintos, essas fantasias também têm um caráter relativamente autônomo; isto é, são numinosos e podem por isso ser encontrados, sobretudo, no âmbito de concepções religiosas, numinosas.

Por motivos que não posso discutir aqui, escolhi o termo *arquétipo* para este aspecto formal do instinto. A Dra. J. Jacobi assumiu como tarefa apresentar neste livro o importante vínculo entre o *complexo* individual e o *arquétipo*-instinto universal e entre este e o *símbolo*. Seu trabalho deveria originalmente ser publicado como contribuição ao meu livro *As raízes da consciência*, mas não pôde mais ser incluído na coletânea de meus ensaios, porque isto teria aumentado o tamanho do livro além do permitido.

Lamento a necessidade dessa decisão, pois o presente trabalho dessa venerável autora parece-me tanto mais bem-vindo na medida em que o conceito de "arquétipo" tem originado os maiores mal-entendidos, sendo provavelmente muito difícil de compreender, a julgar pelas críticas negativas. Quem, portanto, tem ressalvas contra esse conceito poderá buscar informações neste livro, que também leva em consideração a literatura pertinente. Meus críticos – com poucas exceções – não se dão o trabalho de ler cuidadosamente o que tenho a dizer a este respeito, mas me imputam, entre outras coisas, a opinião de que o arquétipo é uma concepção herdada. Preconceitos parecem ser mais confortáveis do que a verdade.

Também nesse sentido, espero que os esforços da autora, especialmente as explicações teóricas da primeira parte, ilustradas com exemplos sobre o modo de manifestação e a atividade do arquétipo, possam trazer alguma luz. Sou-lhe grato por me aliviar do trabalho de sempre ter de indicar meus próprios livros aos meus leitores.

C.G. Jung
Fevereiro de 1956.

A fé confirma todas as coisas,
Sem ela, arte e ajuda nada valem.
Vem, experimentemos
Em minha cozinha de alquimista,
Onde instalei o alambique.
Vem, põe a cabeça e não temas.
Em pouco veremos o vapor
Subir em todo seu vigor,
Com milhares de tolices
Que bem noto em ti.

Aha! Já vem subindo tudo.
Ei, quanta mutuca, quanta mosca
Que imundície neste cabeção.
Uma panela cheia de medo e
confusão!
Estás me dando mais trabalho
Que toda uma floresta de
macacos.
Mas dessa doença vou te livrar
E mestre poderás me chamar.

Figura 1 Exorcismo dos complexos no século XVII

Representação de uma fornalha, por meio da qual se tiravam os "grilos" da cabeça de um louco. Xilogravura do ano 1648.
Panfleto zombando dos procedimentos aplicados pelos médicos.
Museu Germânico, Nuremberg.

Parte I
Complexo, arquétipo e símbolo

> *O homem não nasceu para resolver os problemas do mundo, mas para procurar onde começa o problema e então manter-se nos limites do compreensível.*
> Goethe a Eckermann, 12 de outubro de 1825.

Introdução

Vivemos numa época de babel linguística. Isto se aplica especialmente à psicologia, o galho mais jovem na árvore das ciências, e talvez ainda em maior grau àquele seu ramo chamado psicologia profunda[1]. Com a fragmentação das ciências

---

[1]. A rigor, o termo "psicologia profunda" deveria se referir apenas à "psicanálise" de Freud e à "psicologia complexa" ou "psicologia analítica" de Jung. No entanto, o termo é utilizado na linguagem comum para todas as tendências que, em seu trabalho teórico e prático, também usam a hipótese do inconsciente fora do aspecto médico-terapêutico.

em numerosas especialidades, o vocabulário que lhe estava disponível não pôde mais manter o passo com o processo de diferenciação da formação de conceitos, de modo que, de repente, nos vimos confrontados, mesmo em disciplinas relacionadas, com dificuldades terminológicas insuperáveis, que nunca cessavam de criar mal-entendidos. A psicologia profunda, que está comprometida tanto com as ciências naturais como com as ciências humanas, em muitos casos ainda não encontrou suas formas de expressão próprias e adequadas, e seu solo está coberto por "espécies estrangeiras". O que é possível e necessário na física e na matemática, e os positivistas ou os lógicos buscam na filosofia[2], ou seja, a criação de uma "linguagem intersubjetiva", composta de signos com significado imutável, isto lhe é interdito, até mesmo por motivos internos. Além da "purificação" de seu mundo conceitual dos "resíduos" sobredeterminados provenientes do tesouro ancestral da mitologia, bem como da anterior comunhão com a filosofia, a história da religião, a biologia, a fisiologia, a física e a medicina etc., ela ainda deve abrir caminho entre o cipoal, amiúde impenetrável, dos ambíguos fenômenos psíquicos e, ao dar nomes, tem de fazer justiça às leis de seu cosmos interno, para não cair vítima de uma sistematização doutrinária – uma tarefa quase invencível!

Pois toda estipulação demasiadamente estreita, unilateral, mata a vida da psique. Sua dupla face, iridescente e em constante mutação, marcada por paradoxos, não revela seu segredo a tais esforços e nunca pode ser obrigada a se encaixar numa determinação conceitual rígida. Sua essência permanece sempre ambígua e se esquiva de quem ousa descor-

---

2. Tais tentativas foram empreendidas, entre outros, por filósofos como Wittgenstein, Russell.

tiná-la. Segundo Jung, ela também é "para si mesma a única e imediata experiência e condição *sine qua non* da realidade subjetiva do mundo em geral"[3]. Então, por fim, toda formulação e nomeação linguísticas de fenômenos e fatos psíquicos devem permanecer um empreendimento inadequado, pois a equação entre coisa expressa e expressável jamais será perfeita. E essa discrepância será mais sensivelmente perceptível quanto mais complicados, profundos e abrangentes forem os fenômenos em questão e quanto maiores forem a realidade, a autonomia, a independência material que concedemos à psique. Mas ela será tanto menos perceptível quanto mais as coisas que levarmos em consideração forem limitadas e mais fortemente ligadas à esfera sensual-material, e quanto mais o âmbito psíquico for entendido apenas como epifenômeno do corpóreo. Vendo as coisas de sua perspectiva, também não podemos levar a mal os defensores inabaláveis de um estreito paralelismo psicofísico por quererem negar o termo "ciência" àquela outra metade da face da psicologia profunda que não se deixa comprovar por meio de experimentos verificáveis nem se expressar em termos inequívocos. No entanto, isso, por sua vez, só provaria que todo ponto de vista é, também para o psicólogo, inicialmente subjetivo. Pois qualquer declaração sobre fenômenos psíquicos é mais incisivamente formada pelo ponto de vista pessoal do declarante e pelo espírito da época que o envolve do que é o caso nas asserções das outras ciências. Em nenhum lugar é tão evidente como na psicologia profunda o fato de que o efeito da "equação pessoal", que já se inicia na observação, deve continuar também para a representação linguística e a ancoragem conceitual.

---

3. JUNG. *Symbole der Wandlung*. Zurique, 1952, p. 391.

Assim sendo, quem ainda pode se surpreender com o predomínio de mal-entendidos, más interpretações, confusões e diálogos de surdos no campo da psicologia profunda, que acabam levando os espíritos belicosos a disputas muitas vezes inúteis? E quem não compreenderá que, apesar disso, é sempre mais premente o desejo de todas as partes em combater essa incerteza com a melhor investigação e o melhor esclarecimento possível? Nosso empenho aqui foi justamente distinguir e examinar três conceitos básicos da doutrina de Jung, os principais pilares do seu vasto edifício de pensamento que muitas vezes originam mal-entendidos; um empenho que se absteve, contudo, de dar especial atenção à história da evolução de tais conceitos dentro da doutrina. É verdade, ele nunca poderá conhecer um sucesso total, até mesmo por causa das reflexões esboçadas acima. Esse empreendimento é e continuará sendo uma façanha. Por isso, deve ser visto apenas como uma contribuição no caminho da cobiçada "compreensão linguística", não como uma determinação final.

Complexo

Os grupos de representações emocionalmente acentuados no inconsciente

Não são os sonhos (como pensava Freud) que representam a *via regia* para o inconsciente, mas os complexos[4], diz Jung[5]. Essa frase já aponta o papel central, dominante que Jung atribui ao complexo na psicologia profunda. É verdade que o termo também é utilizado na linguagem comum para todos os tipos de "estrutura composta", mas encontrou sua aplicação mais significativa no contexto da psicologia profunda. Eugen Bleuler (1857-1939) já o havia empregado para designar certos estados psíquicos; mas sua definição conceitual, como é corrente hoje, provém de Jung. Em seus minuciosos trabalhos na Clínica Psiquiátrica Burghölzli[6] da Universidade

---

4. JUNG. *Über psychische Energetik und das Wesen der Träume*. Zurique, 1948, p. 137.

5. Jung chegou a essa compreensão com base em suas experiências no experimento de associação, segundo as quais as características de complexos fornecem indícios diretos não só para a suposição de um âmbito psíquico inconsciente, mas também dão informações sobre os conteúdos ocultos nele e sua carga emocional.

6. JUNG. *Diagnostische Assoziationsstudien, Beiträge zur experimentellen Psychopathologie*. Leipzig, 1904-1906.

de Zurique, publicados sob o título *Diagnostische Assoziationsstudien*, ele usou o termo "complexo emocionalmente acentuado", pela primeira vez, para o fenômeno de "grupos de representações acentuados por sentimentos no inconsciente"; mais tarde, passou-se a usar a expressão abreviada "complexo".

Baseando-se, ainda, inteiramente nos métodos da psicologia experimental da consciência e com auxílio de seus métodos, Jung e seus colegas de trabalho foram capazes de indicar, numa série de testes, a presença e a natureza desses grupos de representações acentuados por afetos como fatores específicos de perturbação do curso psíquico normal. O ponto de partida foi o processo de associação da psique como reflexo da atividade psíquica. Em experimentos cuidadosamente realizados, foi possível mostrar que os "distúrbios" aí ocorridos são de natureza intrapsíquica e provêm de uma esfera que está fora do controle objetivo do consciente e só se manifestam com a diminuição da atenção[7]. Isso não só ofereceu uma nova prova da existência de uma *esfera inconsciente* na alma e da necessidade imperiosa da inclusão de suas manifestações em toda asserção psicológica, mas também a possibilidade de observar suas atividades de modo direto e investigá-las experimentalmente[8]. Com efeito, no experimento de associação – cuja

---

7. Os vários "distúrbios" do processo de associação também foram determinados experimentalmente fora desse método por outros caminhos, p. ex., por curvas de pulso e respiração curvas, por medições de resistividade elétrica, usadas pela primeira vez por Veraguth (em que o assim chamado fenômeno de reflexo psicogalvânico fornece indícios valiosos) etc.

8. Com base em seus experimentos hipnóticos e seu método de análise de sonhos, Freud chegou às mesmas conclusões. As ações sintomáticas primeiramente descritas por ele, ou os "distúrbios" do processo psíquico que, nos estados neuróticos, se manifestam na forma de sintomas, correspondem às "características de complexos" que Jung verificou nos experimentos de associação.

descrição detalhada não será discutida aqui – era possível mostrar que as velocidades e qualidades das reações das diferentes pessoas testadas às "palavras-estímulo", selecionadas segundo um certo princípio, são individualmente condicionadas. Um tempo de reação prolongado na primeira exposição ao estímulo e as reações falhas (lacunas ou falsificações de memória durante a repetição do experimento) das respostas produzidas em associação espontânea não são de natureza aleatória, mas são determinados com incrível precisão pela interferência perturbadora de conteúdos inconscientes, sensíveis ao complexo. Portanto, a natureza e a duração dos sintomas de perturbação permitem inferir também sobre a tonalidade do sentimento e a profundidade do efeito dos conteúdos carregados de afeto e ocultos no fundo da psique. Jung diz:

> O complexo emocionalmente carregado traz consigo a "tonalidade de sentimento" do todo em todas as suas partículas e em toda parte onde estas aparecem em conjunção entre si, e isto tão mais claramente quanto mais nitidamente ele deixar transparecer sua relação com o grande conjunto. Podemos comparar esse comportamento diretamente com a música wagneriana. O *leitmotiv* designa (como uma espécie de tonalidade emocional) um complexo de representações importante para a estrutura dramática [...]. Toda vez que a ação ou a fala estimula um ou outro complexo, o *leitmotiv* correspondente ressoa em alguma variante. Ocorre exatamente o mesmo na vida psicológica comum: os *leitmotivs* são os tons emocionais de nossos complexos; nossas ações e estados de espírito são variações dos *leitmotivs*. As representações individuais estão ligadas entre si pelas várias leis de associação (similaridade, coexistência etc.),

mas são selecionadas e agrupadas em conjuntos mais vastos por um afeto[9].

Segundo a definição de Jung, cada complexo consiste primariamente em um "elemento central", um "portador de significado", que, subtraindo-se à vontade consciente, é inconsciente e incontrolável, e, secundariamente, em uma série de associações a ele ligadas, que se originam, em parte, da disposição pessoal original e, em parte, das vivências do indivíduo condicionadas pelo ambiente[10]. Se assumirmos, por exemplo, que a imagem do "paterno", como a do deus grego Zeus, no inconsciente de um indivíduo é esse "elemento central", então só poderemos falar de um "complexo paterno" nele se o choque entre a realidade e a disposição sensível do indivíduo a este respeito[11], o choque entre uma situação interna e externa apropriadas, conduzir aquele "elemento central" de sua qualidade perturbadora, inicialmente apenas "potencial", para uma "atual", mediante uma elevação da "carga" emocional. Uma vez constelados e assim atualizados, os complexos podem resistir abertamente às intenções da consciência do eu, romper sua unidade, separar-se e comportar-se como um corpo estranho, um *"corpus alienum* vivo"[12] no espaço da consciência. Por isso, Jung diz: "Hoje todo mundo sabe que 'temos complexos', mas poucos sabem que os complexos *nos têm*"[13], embora seja esse o ponto crucial sobre o qual devemos ganhar

---

9. JUNG. *Über die Psychologie der Dementia praecox.* Halle, 1907, 44 (cf. tb. JUNG. *Aion,* p. 51).

10. Cf. JACOBI, J. *Die Psychologie von C.G. Jung.* 3. ed. Zurique, 1949, p. 72ss.

11. JUNG. *Seelenprobleme der Gegenwart.* Zurique. 3. ed. 1946, p. 123.

12. JUNG. *Über psychische Energetik,* p. 128.

13. Ibid., p. 127.

Autonomia dos complexos

Os complexos podem ter todos os graus de independência. Alguns ainda repousam pacificamente, ocultos na estrutura global do inconsciente, e mal se fazem notar; outros atuam como verdadeiros desordeiros das "regras da casa" psíquica; outros já avançaram até a consciência, mas nem assim se deixam influenciar e permanecem mais ou menos autocráticos, idiossincráticos.

O complexo do eu forma o "centro característico de nossa psique". Mas ele é apenas um entre diferentes complexos. Os outros complexos entram em associação mais ou menos frequente com o complexo do eu e, desta maneira, se tornam conscientes. No entanto, eles também podem existir por longo tempo sem entrar em associação com o eu[14].

Podem, por assim dizer, estar presentes no fundo da psique inconsciente, "esperando" até que uma constelação adequada os chamem ao plano da consciência. Em seguida, muitas vezes se tornam invisíveis, sob a forma de um tipo de preparação interna visando a uma transformação. Pois, a consciência pode ter conhecimento da existência de um complexo – com que frequência ouvimos pessoas com distúrbio psíquico dizerem "Sei que tenho um complexo materno!" etc. –, sem, contudo, conhecer seu plano de fundo causador,

---

14. Ibid., p. 290.

sendo incapaz, assim, de resolver o complexo. Todo o conhecimento sobre sua existência parece em vão; sua ação perniciosa continuará, até seu "descarregamento", ou até a transferência de sua excessiva energia psíquica para outro gradiente, isto é, até que seu processamento emocional tenha êxito.

Estes complexos conhecidos apenas intelectualmente devem ser estritamente distinguidos daqueles que foram realmente "compreendidos", isto é, que se tornaram conscientes de uma forma pela qual realmente deixam de exercer um efeito perturbador. Porque, nestes casos, não se trata mais de complexos, mas apenas de conteúdos da consciência assimilados, como acontece, por exemplo, num complexo materno que deixou de sê-lo, porque foi resolvido e seu conteúdo pôde ser transformado numa relação natural com a mãe. Também se deve salientar que um complexo, tão logo nos tornamos conscientes dele, tem uma chance melhor de ser "compreendido" e corrigido, isto é, podemos fazê-lo desaparecer, como se não fizéssemos ideia de sua existência. Pois, enquanto estiver completamente inconsciente e não atrair a atenção da consciência nem mesmo pelos sintomas que causam, ele permanecerá inteiramente inacessível a uma possível compreensão. Ele possui, então, aquele caráter compulsório, não influenciável, de toda ação autônoma a que o eu está entregue para o bem e para o mal; com sua propriedade fomentadora de dissociações, ele destrói a unidade da psique.

Jung indica expressamente que os complexos, enquanto continuarem inconscientes, podem, é verdade, se enriquecer com associações e, portanto, assumir um "alcance" cada vez maior, mas nunca podem ser corrigidos. Eles abandonam o incontrolável caráter compulsivo de um automatismo apenas quando os tornamos conscientes, num processo que é um

Complexo, arquétipo e símbolo 21

dos fatores mais importantes da terapia. Proporcionalmente à sua distância da consciência, os complexos no inconsciente mantêm, pelo enriquecimento de seu conteúdo, um caráter arcaico-mitológico e, assim, uma numinosidade crescente, o que pode ser facilmente constatado em dissociações esquizofrênicas. No entanto, a numinosidade é totalmente inacessível ao arbítrio consciente e põe o indivíduo em estado de comoção, isto é, de submissão sem vontade. Em contrapartida, o comportamento dos complexos conscientes tem a vantagem de poder ser corrigido e reformulado. Eles "se despem do invólucro mitológico, se aguçam personalisticamente e, ao entrarem no processo de adaptação que ocorre na consciência, racionalizam-se, tornando possível um diálogo dialético"[15]. Do ponto de vista funcional, pode-se dizer: a resolução de um complexo e seu processamento emocional, ou seja, sua conscientização, acarretam sempre uma redistribuição da energia psíquica. Pois a energia psíquica até então represada no complexo pode fluir, ocupar novos conteúdos e, assim, produzir uma nova situação, mais propícia ao equilíbrio psíquico.

Deste modo, os complexos são não apenas impressionantes indicadores da "divisibilidade" ou dissociabilidade da psique, mas também da relativa independência e autonomia de suas "partes", que podem degenerar numa completa desintegração psíquica em todas as variantes[16]. Este fato, que é uma experiência primordial da humanidade, está na base da concepção, difundida particularmente entre os povos primitivos, de que pode haver uma diversidade de almas numa só pessoa. "No fundo, não há diferença, em princípio, entre

---

15. JUNG. *Von den Wurzeln des Bewusstseins*. Zurique, 1954, VII, p. 539.
16. Ibid., p. 520.

uma personalidade parcial e um complexo", porque complexos são, amiúde, "psiques estilhaçadas"[17].

Pertence, portanto, à natureza do complexo – como o mostram nitidamente os sonhos – que ele também possa se manifestar numa forma personalizada, o que podemos observar facilmente em manifestações espíritas, na escrita automática e outros fenômenos relacionados. Pois, as imagens oníricas também entram,

> como um tipo diferente de realidade, no campo da consciência do eu onírico [...] não se submetem ao nosso arbítrio, mas obedecem às suas próprias leis. Representam [...] complexos psíquicos autônomos, capazes de se formar a partir de seus próprios elementos[18].

O mesmo se aplica às visões, alucinações e delírios. O complexo tornado autônomo pode realmente levar uma existência inteira separada no fundo escuro da alma, formando, por assim dizer, "uma pequena psique encerrada dentro da 'grande' psique"[19], para se fazer notar em certos estados psicóticos até mesmo por meio de sua "voz", que tem um caráter absolutamente pessoal[20].

As frases ditas por médiuns em estados de transe são sempre apresentadas em primeira pessoa, como se realmente houvesse uma pessoa real por trás dos pensamentos assim expressos. Em sua tese de doutorado, "Sobre a psicologia e

---

17. JUNG. *Über psychische Energetik*, p. 129.

18. Ibid., p. 288.

19. JUNG. *Seelenprobleme*, p. 6.

20. Um exemplo impressionante disso é oferecido pelo trabalho de L. Staudemaier (*Die Magie als experimentelle Naturwissenschaft*. Leipzig, 1912), bem como de A. Huxley (*The Devils of Loudun*. Londres, 1952).

Complexo, arquétipo e símbolo

patologia dos chamados fenômenos ocultos" (Leipzig, 1902), Jung já apontara este tipo de manifestações nos estados de transe mediúnicos e caracterizara seu caráter autônomo como supostas "tentativas de ruptura por parte de uma futura personalidade", cujos aspectos parciais elas representam.

Como os complexos autônomos são naturalmente inconscientes, eles aparecem – como tudo que ainda é inconsciente – como não pertencentes ao eu, ou seja, aparecem como qualidades de objetos ou pessoas estranhos e, portanto, *projetados*. As ideias de perseguição ou a crença em "espíritos", que se baseiam em tais projeções, os fenômenos de possessão, por exemplo, da Idade Média (quando o eu é completamente "engolido" pelo complexo, porque este se mostra até mais forte do que o complexo do eu[21]) podem ser vistos como "expressão direta da estrutura complexada da psique inconsciente"[22]. Mas, saber se os "fragmentos psíquicos tão pequenos como os complexos também são capazes de uma consciência própria ainda é uma questão aberta"[23] [24]. É certo apenas que as experiências da psicopatologia – pode-se mencionar aqui o

---

21. Jung também concebe o eu "como reflexo, não de um só, mas de muitos e variados processos e sua interação, ou seja, daqueles processos e conteúdos que compõem a consciência do eu. A sua diversidade forma realmente uma unidade porque a sua relação com a consciência, tal como uma espécie de força gravitacional, atrai as várias partes na direção daquilo que poderíamos chamar de centro virtual. Por esta razão, não falo apenas *do* eu, mas de um *complexo do eu*, na fundamentada suposição de que o eu tem uma composição cambiante e por isso é mutável e não pode ser simplesmente *o* eu" (*Seelenprobleme*, p. 376).

22. JUNG. *Über psychische Energetik*, p. 136.

23. Ibid., p. 129.

24. Jung acreditava haver no inconsciente "sementes de luz", *scintillae*, isto é, uma espécie de germes de consciência. Cf. *Von den Wurzeln des Bewusstseins*, VII, p. 544s.).

fenômeno de "dupla personalidade", descrito por Janet – mostram que processos no inconsciente similares aos conscientes podem ser aceitos pelo menos como possíveis. Os complexos são, de fato, "forças psíquicas, cuja natureza mais profunda ainda não foi sondada"[25]. Seu poder só pode ser quebrado pela "conscientização" de seus conteúdos reprimidos e inconscientes, o que pode acontecer sob grande resistência por parte do paciente e somente pelo método específico da "análise" – a não ser que uma experiência de graça ou também catástrofes e calamidades de vários tipos alcancem o efeito de choque necessário e talvez a resolução de tais complexos. Portanto, uma compreensão racional não é, de modo algum, suficiente. Apenas a vivência emocional liberta. Somente a esfera emocional é capaz de efetuar as necessárias reviravoltas e transformações de energia. Nenhum fenômeno do inconsciente pode ser detectado apenas pelo intelecto, "porque ele não consiste apenas em *significado*, mas também em *valor*, o qual se baseia na intensidade das tonalidades de sentimento que o acompanham"[26] e que determinam o papel que o complexo em questão desempenha na economia da psique.

> Pelo "afeto" o sujeito é incluído e passa a sentir todo o peso da realidade. Portanto, a diferença corresponde aproximadamente àquela entre a descrição de uma doença grave que a pessoa lê em um livro e a doença real que ela tem. Psicologicamente, ninguém possui nada que não tenha realmente experimentado. Por conseguinte, uma visão intelectual significa muito pouco,

---

25. JUNG. *Über psychische Energetik*, p. 141.

26. JUNG. *Aion* – Untersuchungen zur Symbolgeschichte, Zurique, 1951, p. 51.

porque conhecemos apenas palavras a respeito, mas não conhecemos a substância por dentro[27].

Sobre a fenomenologia do complexo

Se quisermos fazer uma diferenciação na diversidade da fenomenologia do complexo, poderíamos distinguir resumidamente as seguinte formas, que revelam âmbitos psicológicos e somáticos, bem como sintomas de ambos ao mesmo tempo:

a) O complexo é inconsciente, mas não tão carregado de energia a ponto de ser percebido como "vontade própria", como parte autônoma. No entanto, ele bloqueia mais ou menos o fluxo psíquico natural, pois ainda conservou relativamente a relação com a totalidade da estrutura psíquica (p. ex., ele se mostra apenas em lapsos ou outros tipos de pequenos sintomas).

b) O complexo é inconsciente, mas já ficou tão "inchado" e independente que atua como um segundo eu em oposição ao eu consciente, colocando o indivíduo entre duas verdades, duas correntes de vontade opostas ou o ameaçando com ruptura permanente (p. ex., em certas formas de neuroses compulsivas).

c) O "eu do complexo" pode se separar completamente da estrutura psíquica, dissociar-se e tornar-se autônomo, resultando no fenômeno bem conhecido da "dupla personalidade" (Janet), ou na desintegração em várias partes da personalidade, dependendo do número e da natureza dos complexos inconscientes do paciente.

---

27. Ibid., p. 58.

d) Se o complexo está tão pesadamente carregado que atrai o eu consciente para sua esfera de influência, o oprime e o engole, então podemos dizer que ele se tornou mais ou menos autocrata na casa do eu consciente; podemos falar de uma *identificação* parcial ou total entre o eu e o complexo. Esse fenômeno pode ser claramente observado, por exemplo, em homens que têm um complexo materno, ou mulheres que têm um complexo paterno. Sem que eles o percebam, as palavras, as opiniões, os desejos e as aspirações da mãe ou do pai tomaram posse de seu eu e o tornaram seu instrumento e porta-voz. Essa identidade entre complexo e eu pode, naturalmente, estar presente em diferentes graus e monopolizar apenas partes ou a totalidade do eu. No primeiro caso, as consequências serão problemas de adaptação, perda relativa da realidade ou transtornos psíquicos mais fortes ou mais fracos; no segundo, contudo, manifestam-se inconfundíveis características de uma inflação gravíssima, como são vistas, por exemplo, em indivíduos que se identificam com Deus ou o diabo, com uma criança ou um duende, com figuras políticas ou históricas ou todos os tipos de animais, bem como nas várias formas de psicose ligadas a uma perda total ou parcial do eu.

e) Visto que cada conteúdo inconsciente é experimentado apenas em forma projetada, o complexo inconsciente inicialmente também aparece apenas na projeção, como propriedade de um objeto externo ou uma pessoa. Se o complexo inconsciente está tão fortemente "descolado" a ponto de adquirir o caráter de uma natureza vinda *de fora* sobre o indivíduo, muitas vezes ameaçadora, e que aparece como propriedade de um objeto da realidade externa, então surgem sintomas tais como podem ser observados, por exemplo, nas ideias de perseguição, na paranoia etc. Nesse processo, esse objeto ou pode pertencer ao mundo exterior real ou pode ser um "objeto" pensado como proveniente do exterior, mas que na verdade é fruto de alucinação, originário de dentro, da psique, como, por exemplo, espíritos, ruídos, animais, sons, figuras internas etc.

f) O complexo é conhecido pela consciência, mas apenas intelectualmente e, portanto, continua a agir com sua força original. Apenas a experiência emocional do seu conteúdo, juntamente com sua compreensão e integração podem resolvê-lo[28].

A incapacidade de distinguir entre os conteúdos pertencentes à consciência e aqueles provenientes do complexo inconsciente, que "enublam" a consciência – como é sempre o caso em d) e e) –, constitui um grande perigo; ela impede a correta adaptação do indivíduo à sua realidade interior e exterior, interdita sua capacidade de formar juízos claros e, especialmente, qualquer contato humano satisfatório. Esse fenômeno de "participação", ou seja, a ausência da capacidade de distinguir entre sujeito e objeto, que observamos com frequência não apenas em neuróticos, mas também em povos primitivos que praticam o animismo, em crianças e muitos adultos que permaneceram bastante inconscientes, representa aquele estado psíquico pelo qual se pautam diversas técnicas de influência. Quanto mais forte a tendência para a "participação", isto é, quanto mais fraca for a capacidade de afirmação do eu diante da inundação de influências psíquicas internas ou externas, mais rápido o indivíduo será colorido

---

28. Cf. p. 34s.

pelo espírito de um grupo e sucumbirá a ele, ou seja, fundir--se-á com a massa. A idade adulta madura significa que as partes individuais da psique são reconhecidas como tais e inter-relacionadas de maneira adequada. Para alcançar uma interação harmoniosa destas partes da psique, é imprescindível primeiramente distinguir e delimitá-las entre si. Isso permite manter as influências e intrusões do inconsciente separadas daquelas que já foram esclarecidas pela consciência e impedir que se confundam. Saber discriminar é, portanto, o pré-requisito não apenas de um eu pessoal e delimitado em sua irrepetibilidade, mas também, no fundo, de toda cultura superior.

Por conseguinte, de acordo com o ponto de vista do eu, o complexo pode apresentar quatro comportamentos: completa inconsciência de sua existência, identificação, projeção e confrontação. No entanto, apenas esta última pode ajudar a lidar com o complexo e levar à sua resolução.

Mas não há nada que o indivíduo neurótico tema mais do que o encontro com sua realidade interna e a externa; portanto, ele prefere pensar a vida, em vez de experienciá-la. E, assim, ele também muitas vezes permanece preso a seus complexos com uma tenacidade inimaginável, mesmo que tenha um sofrimento aparentemente insuportável com eles e faça de tudo para deles se livrar. Porque algo nele sabe infalivelmente que nenhum complexo pode ser resolvido sem que o indivíduo se confronte com o conflito que o causa – e isto exige coragem, força psíquica e capacidade de sofrimento por parte do eu. Pois isso significa, com frequência, que o indivíduo deve assimilar e se conciliar com fatos inalteráveis, que possuem uma natureza negativa ou contraditória. Abandonar fixações da infância e ajustar-se a uma vida adulta responsável constituem, portanto, uma escola e um teste árduos, e não o que a maioria das pessoas espera de uma análise ou de uma resolução de seus distúrbios complexados: imersão num estado de "felicidade". Pois a conscientização do complexo torna manifesto o conflito até então inconsciente, com seus dois polos hostis, cuja natureza insuportável conduzira ao complexo. Para escapar da inconciliabilidade desses opostos conflitantes, um dos polos foi mais ou menos conscientemente reprimido, cortado fora; e o indivíduo aparentemente se livrou dele. Com isso, o indivíduo, é verdade, evita o sofrimento com o conflito real, mas o troca por um sofrimento com um falso problema, ou seja, aquele sofrimento com todos os tipos de transtornos e sintomas neuróticos. O conflito moral ou ético que constitui a raiz do complexo aparentemente desapareceu, foi retirado do mundo, ou melhor, transferido para um nível em que o indivíduo é, por assim dizer, "inocente", como, por exemplo, num "deslocamento" (conversão) para a esfera física. Pois uma das causas mais comuns dos complexos é o chamado "conflito moral", isto é, a aparente incapacidade do indivíduo de afirmar a totalidade de seu ser.

A diferença entre as concepções de Jung e Freud

Até este ponto, as visões e definições de Jung em relação ao conceito de complexo coincidem com as de Freud[29]. Mas, depois, a atual concepção de Jung diverge fundamentalmente da de Freud, divergência que acarretou uma consequência importante para o desenvolvimento de toda sua doutrina. O

---

29. O esclarecimento conceitual que tenho em mente parece-me facilitado por uma comparação das concepções junguianas e freudianas, porque estas últimas já penetraram em círculos mais amplos, especialmente na área acadêmica.

fato de ela, até agora, não ter sido suficientemente observada e considerada é uma das principais razões para os inúmeros equívocos que impedem uma compreensão adequada do conceito junguiano.

A concordância que esses pesquisadores, por vias totalmente diferentes, alcançaram a respeito da natureza e do efeito dos fatores psíquicos chamados "complexos" foi o que chamou atenção de um para o outro (em 1902) e mais tarde (1907) os reuniu e os fez caminhar juntos por um tempo. No entanto, a concepção posterior e significativamente alterada de Jung sobre exatamente o mesmo problema[30] foi o que voltou a separá-los (1913). Pois, segundo sua teoria, que com o passar do tempo empreendeu uma clara distinção entre um "inconsciente pessoal" (que correspondia ao conceito freudiano de inconsciente, cujo conteúdo consistia exclusivamente em materiais de vivências relegadas ou reprimidas) e um "inconsciente coletivo" (que consiste em formas típicas das vivências e comportamentos do ser humano, ou seja, na "herdada possibilidade do funcionamento psíquico pura e simplesmente")[31], os "complexos" em Jung também receberam significado e função mais amplos. Ele passou a vê-los como os "pontos focais e nodais da vida psíquica *que absolutamente*

---

30. Jung apresentou sua nova concepção pela primeira vez em seu livro fundamental, publicado em 1912, *Wandlungen und Symbole der Libido* (depois disso, foi revisado e publicado [1952] sob o título *Symbole der Wandlung* [*Símbolos da transformação*]).

31. Freud diz a respeito: "No reconhecimento dessa herança filogenética estou inteiramente de acordo com Jung; mas considero um erro de método recorrer a uma explicação da filogênese antes de esgotar as possibilidades da ontogênese; não vejo razão para obstinadamente negar à pré-história infantil a importância que de boa vontade se concede à pré-história ancestral [...]" (*De Geschichte einer infantilen Neurose* – Ges. Werke, vol. XII, p. 131).

não gostaríamos de perder[32], que não podem estar ausentes, pois, do contrário, a atividade psíquica chegaria a uma paralisação fatal"[33]. Eles formam aqueles "pontos nevrálgicos" na estrutura psíquica a que aderem as coisas não digeridas, inaceitáveis, conflituosas, mas "sua dolorosidade não revela nenhum distúrbio patológico"[34]. Todas as pessoas têm complexos; estes constituem a estrutura da parte inconsciente da psique e pertencem às manifestações normais da psique, seja qual for seu estado.

> Sofrimento não é doença, mas a antítese normal da felicidade. Um complexo se torna doentio apenas quando achamos que não o temos[35].

Vemos que os pontos de vista originais dos quais Freud e Jung abordam a definição do complexo são fundamentalmente diferentes. Freud vê o complexo *apenas* a partir do doente, enquanto Jung o vê a partir do saudável. Em Freud, os complexos têm sempre um caráter negativo; surgem como produtos do mecanismo psíquico de repressão, que tenta, deste modo, se livrar do conflito entre as pulsões sexuais primitivas do ser humano e as necessidades morais e sociais que lhe são impostas; e são considerados, sem exceção, fatores de sintomas de uma vida psíquica adoecida, instintualmente perturbada. Por isso, sua conscientização, ou seja, sua resolução, e a transferência de seu conteúdo para a consciência pelo método analítico são terapeuticamente necessárias; e

---

32. Grifo meu.
33. JUNG. *Seelenprobleme*, p. 122s.
34. JUNG. "Psychotherapie und Weltanschauung". *Aufsätze zur Zeitgeschichte*. Zurique, 1946, p. 63.
35. Ibid.

sua total "elevação" à superfície (e também, portanto, um esvaziamento do inconsciente de seus conteúdos), não é exequível na prática, mas, em princípio, perfeitamente possível. Mesmo concedendo certo papel à disposição, para Freud todo complexo está inevitavelmente ligado à vida pessoal do indivíduo e enraizado nas experiências emocionais dos primeiros anos de vida, experiências estas que se tornaram inconscientes e, por causa de sua incompatibilidade com o estado habitual da consciência, foram dissociadas ou reprimidas.

A concepção de Jung é diferente:

> Obviamente, os complexos são uma espécie de inferioridade no sentido mais amplo, sobre o que devo imediatamente observar que o complexo ou o ter complexos não quer dizer, sem mais, inferioridade. Isto quer apenas dizer que há algo não conciliado, não assimilado, algo conflituoso, um obstáculo, talvez, mas também um estímulo para esforços maiores e, com isso, talvez até mesmo uma nova oportunidade de sucesso[36].

Aqui fica clara a concepção *finalista* de Jung; o mal pode sempre também ser visto como ponto de partida para o bem e o doentio como fonte de uma busca mais intensa por saúde, o que acaba por conferir um significado positivo, prospectivo para o complexo. Trata-se aqui, para Jung, de um *duplo aspecto do mesmo complexo*, que, é verdade, faz justiça ao aspecto freudiano, mas lhe acrescenta outro. O conceito de complexo de Jung evoluiu muito desde 1924. Naquela época, ele ainda dizia: "A experiência nos mostra, inicialmente, complexos infinitamente variados, mas sua comparação cuidadosa

---

36. JUNG. *Seelenprobleme*, p. 122.

Complexo, arquétipo e símbolo 33

produz relativamente poucas formas básicas típicas, todas as quais se originam nas primeiras experiências da infância"[37]. Hoje Jung vê certos complexos, de acordo com sua natureza e o estado psíquico de seu "portador", como resultantes exclusivamente de uma situação atual, sobretudo aqueles que se manifestam nas crises de visão de mundo na meia-idade.

Sobre os dois tipos de complexos

Mas Jung vai além e diz:

> Alguns complexos se dissociam da consciência simplesmente porque esta preferiu se livrar deles mediante repressão. Mas existem *outros complexos que nunca estiveram na consciência antes*[38] e que, portanto, nunca poderiam ser reprimidos arbitrariamente. Eles crescem do inconsciente e inundam a consciência com suas estranhas e inabaláveis convicções e impulsos[39].

Isto significa que há dois tipos de complexos, de naturezas diferentes? Aqueles da psique doente e aqueles da normal, ou seja, complexos "doentes" e "saudáveis"? Evidentemente, não podemos rejeitar esta reflexão, especialmente se evocamos outra passagem de Jung e consideramos que ele faz certa distinção entre os complexos que pertencem ao inconsciente pessoal e aqueles que pertencem ao inconsciente coletivo. Ele diz:

> Certos complexos surgem de experiências dolorosas ou embaraçosas na vida do indivíduo [...]. Isso

---

37. Ibid., p. 123.
38. Grifo meu.
39. JUNG. *Psychologie und Religion*. 3. ed. Zurique, 1947, p. 25.

> resulta em complexos inconscientes de natureza pessoal [...]. Mas outra parte (dos complexos) provém de uma fonte completamente diferente [...]. Trata-se, basicamente, de conteúdos irracionais dos quais o indivíduo nunca estivera consciente antes e que, por isso, ele tenta em vão descobrir em algum lugar fora[40].

Ou:

> Os conteúdos do inconsciente pessoal são percebidos como pertencentes à psique própria, enquanto os conteúdos do inconsciente coletivo parecem estranhos, como se viessem do exterior. A reintegração de um complexo pessoal tem um efeito de alívio e muitas vezes diretamente de cura[41], ao passo que a irrupção de um complexo do inconsciente coletivo é um sintoma muito desagradável e até mesmo perigoso. O paralelismo com a crença primitiva em almas e espíritos é clara. As almas dos primitivos correspondem aos complexos autônomos do inconsciente pessoal; e os espíritos aos complexos do inconsciente coletivo[42].

O próprio Jung reconhece que, neste contexto, sua "teoria dos complexos" deve parecer para os despreparados uma "descrição de demonologia primitiva e psicologia de tabus", o que não é de admirar em face do fato de que os complexos, no fundo, "são remanescentes de um estado de espírito primitivo". Mas enquanto Freud pensa que sua conscientização possibilita uma completa superação deste estado de espírito

---

40. JUNG. *Über psychische Energetik*, p. 301ss.
41. Freud e Jung concordam sobre esse ponto.
42. JUNG. *Über psychische Energetik*, p. 298s.

primitivo (portanto, infantil) no indivíduo e supõe que, assim, sua psique se liberte de seus complexos, Jung diz que qualquer conscientização, por mais abrangente que seja, apenas pode trazer à tona e resolver uma parte do complexo – mais exatamente, a parte constelada. Não importa se uma pessoa deve se libertar de seus transtornos psíquicos e psicogênicos por motivos médicos, ou uma melhor adaptação ao seu ambiente é buscada por motivos pedagógicos e sociais, ou se uma transformação mais profunda da personalidade, uma análise, é realizada, sempre apenas uma quantidade individualmente condicionada de complexos poderá se tornar consciente. O restante continua existindo como um "ponto nodal", como "elemento nuclear", pertencente à camada superficial do eterno húmus de toda alma humana, ao inconsciente coletivo, e Jung não vê razão por que este restante "não duraria até o fim da humanidade"[43], penetrando sem cessar o espaço da consciência como automanifestação do inconsciente. Pois, para ele, "primitivo" significa meramente "original", sem lhe acrescentar um juízo de valor. Por isto, podem-se encontrar

> vestígios inconfundíveis (de complexos) em todos os povos e todas as épocas; assim, por exemplo, a epopeia de Gilgamesh descreve a psicologia do complexo de poder com maestria insuperável, e o livro de Tobias no Antigo Testamento contém a história de um complexo erótico juntamente com sua cura[44].

Para melhor ilustrar o que foi dito, podemos recorrer a uma comparação ousada e dizer: é verdade, a energia psíquica

---

43. Ibid., p. 142.
44. Ibid., p. 136.

atua continuamente, mas tem uma natureza "quântica". Os *quanta* poderiam corresponder aos complexos – como inúmeros pequenos pontos nodais de uma rede invisível – em que, em contraste com os locais "vazios", a carga energética da psique coletiva, inconsciente, se acumula e atua, por assim dizer, como centro de um campo de força magnética[45]. Se a carga de um (ou vários) desses pontos nodais se torna tão poderosa a ponto de atrair tudo magneticamente (atuando como "célula nuclear"), tal como uma célula cancerosa começa a inchar e proliferar, "devorando" as restantes células saudáveis e formando um estado dentro do estado, para então, como "psique parcial" tornada autônoma, se contrapor ao eu, então temos um complexo. Se um "ponto nodal" é inflado apenas por material humano mítico ou geral, então podemos falar de um complexo da área do inconsciente coletivo; mas se, além disso, materiais adquiridos individualmente também lhe são *sobrepostos*, ou seja, se ele aparece revestido por um conflito pessoalmente condicionado, então falamos de um complexo oriundo do inconsciente pessoal. Em suma, pode-se dizer que o complexo tem

- dois tipos de raízes
(ele se baseia eventos ou conflitos da primeira infância ou atuais)

- dois tipos de natureza
(ele pode se manifestar como complexo "doente" ou "saudável")

---

45. Frieda Fordham diz que o complexo é um tipo de "ímã psicológico" (*An Introduction to Jung's Psychology*. Londres, 1953, p. 53).

- dois modos de expressão
(o complexo pode, dependendo do caso, ser julgado como algo negativo ou positivo; ele é "bipolar").

Se levamos em consideração os vários aspectos pelos quais cada complexo – de acordo com Jung – pode ser visto, é fácil entender por que tanta confusão e tantos mal-entendidos, até mesmo em relação a esta ideia fundamental da psicologia profunda, deveriam surgir entre aquelas pessoas que não se esforçaram por uma compreensão mais sólida das ideias de Jung.

Complexos pertencem à estrutura básica da psique

As consequências destas noções de Jung – se as levamos totalmente a sério – têm um alcance fora do comum. Elas significam nada menos que o complexo representa aquele fenômeno peculiar da vida da psique que constitui sua estrutura; ou seja, que ele é *em si* uma parte saudável da psique. O que provém do inconsciente coletivo jamais é material "doentio"; só pode ser doentio aquilo que vem do inconsciente pessoal, onde adquire aquela transformação e coloração específicas ao ser incluído numa esfera de conflito individual. Quando o complexo "se despe" de conteúdos da biografia pessoal do indivíduo que lhe foram sobrepostos, o que ocorre, por exemplo, no curso do trabalho analítico mediante conscientização deste material conflituoso reprimido, então o verdadeiro núcleo do complexo, o "ponto nodal" advindo do inconsciente coletivo e que estava envolto por esses conteúdos, é exposto. Mas, com isso, o indivíduo até então capturado em seus enredamentos pessoais passa a enfrentar um problema que não representa apenas seu conflito pessoal, mas é expressão de um conflito que o ser humano está destinado a sofrer e a resolver desde tempos imemoriais. Jamais alcançaremos um efeito verdadeiramente libertador apenas por uma explicação demasiadamente concreta do conteúdo do complexo, precisamente porque tal modo de explicação sempre estaca diante daquele material de tonalidade personalista que causou a enfermidade. Só uma interpretação no nível do símbolo pode despir o núcleo do complexo de seu envoltório patológico e libertá-lo do bloqueio da roupagem personalista.

Se um complexo aprisionado no material do inconsciente pessoal parece estar em insolúvel oposição com a consciência, seu "núcleo", assim que é "posto a nu", pode revelar ser um conteúdo do inconsciente coletivo; isto é, o indivíduo não é mais confrontado, por exemplo, com sua própria mãe, mas com o arquétipo do "materno", não mais com um problema único e pessoal da realidade concreta de sua mãe, mas com o problema impessoal, universalmente humano da confrontação de todo ser humano com a base maternal primordial em si mesmo[46]. Todo mundo que já viveu uma experiência psíquica semelhante sabe como isso pode ser libertador e quanto, por exemplo, pode ser mais suportável para o filho entender o problema pai-filho não no nível de culpabilidade individual – por exemplo, com relação a desejos de morte, agressões, anseios de vingança etc. nutridos contra seu pai –, mas como um problema de desprendimento do pai, isto é, de um princípio de consciência dominante, porém não mais adequado para o filho, um problema que diz respeito a todas as pessoas e foi mostrado em mitos e contos de fadas como assassínio do velho rei regente e tomada do trono pelo filho.

---

46. Cf. p. 109, as explanações sobre problema do incesto.

Por conseguinte, se um complexo continua a ser apenas um "ponto nodal" maior ou menor no inconsciente coletivo, sem ser inflado e coberto por muito material pessoal, então ele não só não é prejudicial, mas também altamente frutífero, pois ele é a célula fortalecedora, da qual flui toda vida psíquica posterior; no entanto, se ele se torna sobrecarregado e autônomo, ou se irrompe no espaço da consciência, então ele pode se manifestar em todas as suas variantes produtoras de neurose e psicose. E se, então, a consciência não "dá conta" desses conteúdos, o resultado é o mesmo nas pessoas em geral e nos indivíduos: desordem e desintegração. Portanto, *somente o estado de consciência*, a maior ou menor estabilidade da personalidade do eu consciente, decide qual "papel" cabe ao complexo. Tudo depende da capacidade da consciência de compreender, assimilar e integrar o complexo, para assim afastar seus efeitos nocivos. Se não tiver êxito nisso, a consciência cai vítima do complexo e é, em maior ou menor grau, tragada por ele.

Neurose e psicose

Desse modo, a distinção psicológica entre neurose e psicose, até aqui considerada tão fundamental, não seria mais efetuada segundo o conteúdo e o valor energético dos complexos em questão, mas, invariavelmente, segundo o *"estado"* de consciência, a que elas estariam conectadas. Por isso, o medo da análise, ou seja, de que a consciência seja subjugada pelos conteúdos do complexo é tanto mais compreensível quanto mais estreita e unilateralmente alguém se apega a seu estado habitual de consciência; porque, como sabemos, o risco de queda cresce em proporção à rigidez e à unilateralidade da consciência. O mesmo se aplica a uma consciência que, em consequência de sua falta de estabilidade e consistência, precisa sempre recear ser inundada.

A neurose se encontra do lado de cá e a psicose do lado de lá da linha limite formada pela capacidade que tem a consciência do eu de resistir à irrupção dos conteúdos inconscientes. Muitas vezes, é difícil dizer se essa irrupção será apenas temporária ou permanente – fato que, em princípio, é possível a cada rebaixamento do limiar da consciência, a cada *abaissement du niveau mental*" (Janet), na forma de lapsos, sonhos, visões, fantasias, êxtases, alucinações ou mesmo sob a forma de um material trazido à tona na análise[47]. Nessa conexão, complexos do inconsciente pessoal devem ser menos temidos; a consciência ainda pode, de alguma forma, lidar com eles. Pois a dinâmica explosiva de seu "núcleo" está suficientemente vedada pela camada que o envolve, formada por experiências personalistas e condicionadas pelo entorno, uma camada que pode lhe servir de escudo no encontro com a consciência. A ameaça pode se tornar realmente efetiva apenas quando essa "camada" é removida, ou quando é, por natureza, demasiadamente fina (como em muitas pessoas sob o risco de uma psicose). Portanto, o risco e a angústia correspondentes crescem na medida em que o confronto é em relação a complexos do inconsciente coletivo, cuja "carga explosiva" atua como um terremoto e pode arrasar tudo por onde passa; no entanto, esse perigo também pode abrir a possibilidade de uma total transformação e reconstrução da psique, devendo,

---

47. Freud chega a dizer: "O sonho é, portanto, uma psicose, com todos os absurdos, delírios e ilusões de uma psicose. Sem dúvida, é uma psicose de curta duração, inofensiva, até mesmo dotada de uma função útil [...]" (*Ges. Werke*, vol. XVII. Londres, 1941. • *Abriss der Psychoanalyse*, p. 97).

Complexo, arquétipo e símbolo

portanto, ser tentado em certas circunstâncias. A diferença entre neuroses e psicoses seria, assim, reduzida a uma transição mais suave; e, em princípio, o prognóstico ganharia uma feição mais favorável[48]. O complexo, em sua qualidade de "semente criativa", receberia até mesmo um lugar especial de honra, por ser aquela fonte renovadora e promotora da vida que tem de alçar os conteúdos do inconsciente até a consciência e ativar as forças formativas na consciência.

*

As perspectivas que a visão de Jung abre para o conceito de complexo e que tentamos mostrar acima são de longo alcance e, em certo sentido, revolucionárias. Elas são resultado de um desenvolvimento orgânico, que surgiu do desdobramento e aprofundamento da doutrina de Jung e não foi tratado em termos sucintos e incisivos nem por ele mesmo.

Portanto, para entender corretamente o conceito do complexo em Jung, nunca devemos perder de vista o fato de que sua doutrina sobre os complexos estourou o quadro das crenças tradicionais e deu lugar a uma abordagem que está intimamente relacionada com sua descoberta fundamental dos

---

48. Jung desenvolveu com mais minúcias seus pontos de vista no artigo "On the Psychogenesis of Schizophrenia", *Journal of Mental Science*, Londres, setembro de 1939 (conferência na Royal Society of Medicine, Londres, em 04/04/1939). Cf. o excelente trabalho de Manfred Bleuler: "Forschungen und Begriffswandlungen in der Schizophrenielehre 1941-1950" (In: *Fortschritte der Neurologie, Psychiatrie und ihrer Grenzgebiete*, 1951, ano 19, cad. 9-10, p. 385-452). Ele observa concisamente: "Parece que os próximos anos serão dedicados, predominantemente, ao estudo daquelas concepções mais antigas sobre esquizofrenia que viam nela, total ou principalmente, um distúrbio pessoal de adaptação às dificuldades da vida".

"dominantes do inconsciente coletivo"[49], os arquétipos. Em 1934, em sua conferência de Eranos "Sobre os arquétipos do inconsciente coletivo", ele, pela primeira vez, proferiu a grave declaração:

> Os conteúdos do inconsciente pessoal são, principalmente, os chamados complexos de tonalidade emocional que constituem a intimidade pessoal da vida psíquica. Os conteúdos do inconsciente coletivo, por outro lado, são chamados *arquétipos*.

Com isso, ele mostrou um caminho totalmente novo, que já não pode ser ignorado e cujo fim ainda não está à vista[50]. O conceito de complexo parece ter aqui um vínculo de parentesco com o de arquétipo, numa estreita relação recíproca e complementar; ele invoca, por assim dizer, espontaneamente, a tentativa de esclarecer também o conceito de arquétipo.

---

49. Incluído agora no vol. IX das *Psychologischen Abhandlungen*: Von den Wurzeln des Bewusstseins. Zurique, 1954, I., p. 4.

50. Em 1912, Jung, em *Wandlungen und Symbole der Libido*, abandonou definitivamente sua concepção puramente concretista dos complexos como fatores do inconsciente pessoal e das transformações, e reconheceu e analisou seu conteúdo arquetípico. Este trabalho, revisado por Jung, foi publicado em 1952 sob o título *Symbole der Wandlung*.

Arquétipo

A essência do arquétipo

Se demonstrar a importância diversificada e multifacetada do complexo na psicologia junguiana, sem apagar seu vívido significado, é por si só uma tarefa bastante difícil e delicada, a natureza questionável do projeto de delinear o conceito de *arquétipo* se torna um verdadeiro risco. É impossível oferecer uma definição exata de arquétipo; talvez o termo "delinear" aqui pudesse ser entendido, em sentido mais lato, como "parafrasear" em vez de "descrever". Porque o arquétipo representa um profundo enigma que supera nossa capacidade de apreensão racional; "o que um conteúdo arquetípico sempre expressa é, antes de tudo, uma metáfora"[1], ele contém sempre algo que permanece desconhecido e informulável. Por isso, toda interpretação, necessariamente, não poderá ir além do "como se..." Não se pode diretamente responder de onde vem o arquétipo, se ele foi adquirido ou não.

Os arquétipos são, por definição, fatores e temas que ordenam elementos psíquicos, formando determinadas imagens (a ser designadas como ar-

---

1. JUNG. "Zur Psychologie des Kind-Archetypus". In: JUNG & KERÉNYI. *Einführung in das Wesen der Mythologie*. Amsterdã, 1941, p. 112s.

quetípicas), mas de uma maneira que só podem ser reconhecidos pelos efeitos que produzem. Eles existem presconscientemente e, supostamente, formam os dominantes estruturais da psique em geral [...]. Como condições *a priori*, os arquétipos representam o caso especial psíquico do "padrão de comportamento" familiar ao biólogo e que empresta a todos os seres vivos seu tipo específico. Assim como as manifestações desse plano básico biológico podem se alterar no curso do desenvolvimento, as do arquétipo também o podem. Empiricamente, contudo, o arquétipo nunca surgiu dentro do alcance da vida orgânica. Ele entra em cena com a vida[2].

Jung diz: "Se a estrutura psíquica e seus elementos, os arquétipos, se originaram em algum momento é uma questão da metafísica e, portanto, impossível de responder"[3]. A origem de um arquétipo permanece obscura, e sua essência, insondável; pois ele reside nesse misterioso reino de sombras, no inconsciente coletivo, ao qual nunca teremos acesso direto; e só podemos ter um conhecimento *indireto* de sua essência e atividade, justamente por meio de nosso encontro com os arquétipos, isto é, com suas manifestações na psique. "Não se pode explicar um arquétipo por meio de outro, isto é, não se pode explicar de onde vem o arquétipo, porque não há nenhum ponto arquimediano fora destas condições *a priori*"[4], diz Jung.

---

2. JUNG. *Symbolik des Geistes*. Zurique, 1948, p. 374.

3. JUNG. "Die psychologischen Aspekte des Mutter-Archetypus". *Von den Wurzeln des Bewusstseins*, III, p. 123.

4. Ibid., II, p. 81.

Contudo, a tentativa de apreender e descrevê-lo fenomenologicamente já representa um caminho até pouco trilhado na busca de uma compreensão do reino psíquico do homem arcaico, que ainda hoje vive em nós e cujo eu, tal qual em tempos míticos, se encontra apenas em estágio embrionário, sem delimitação fixa, ainda totalmente entrelaçado com o cosmos e a natureza.

A evolução histórica do conceito de arquétipo em Jung

A maneira não dogmática com que Jung observava e descrevia os fenômenos psicológicos em seus trabalhos e pela qual se deixava levar, como em uma torrente para margens sempre novas, disposto a se corrigir e se desenvolver, também fez seu conceito de arquétipo passar por mudanças, aprofundamentos e expansões tanto formais como funcionais, embora a concepção básica permanecesse a mesma. Primeiramente, ele falou dos "dominantes do inconsciente coletivo"[5] para salientar a relevância determinante para a psique daqueles "pontos nodais" com carga de energia especial, cuja totalidade constitui o inconsciente coletivo, e sublinhar seu caráter funcional dominante. Ao mesmo tempo – até cerca de 1927 –, deixando-se inspirar pelo termo de Jakob Burckhardt já desde 1921, ele usava a expressão *"Urbild"* ou *"urtümliches Bild"* (imagem primordial).

Naquela época, "imagens primordiais" significavam para Jung todos os mitologemas, temas de lendas e contos de fadas etc., que são capazes de concentrar modos de comportamen-

---

5. Em seu livro *Das Unbewusste im normalen und kranken Seelenleben.* Zurique, 1916.

tos humanos universais numa imagem, num "retrato" plástico, e que podemos encontrar como "temas" essencialmente típicos, gerais e recorrentes, assumindo uma miríade de formas na história humana, desde as mais antigas concepções dos povos primitivos, passando por ideias religiosas de todos os povos e culturas, até os sonhos, visões e fantasias dos indivíduos modernos. Embora a teoria da propagação de tais temas por "migração" possa reivindicar certa exatidão, restam inúmeros casos que impõem como única hipótese possível a reaparição "autóctone" em momentos e lugares sem nenhum contato entre si.

A expressão "arquétipo", adotada desde 1927 e hoje de uso corrente, foi retirada por Jung do *Corpus Hermeticum* (II, 140. 22 ed. Scott), bem como da obra de Dionísio Areopagita *De divinis nominibus«* (cap. 2, § 6, onde se diz: *"[...] aitque sanctus Pater id solvens, magis ea quae dicuntur confirmare quoniam sigillum idem est, sed diversitas confirmantium, unius ac eiusdem primitivae formae, dissimiles reddit effigies"*). Além disso, foram também as palavras *ideae principales* de Agostinho que o encorajaram a escolher o termo, pois elas contêm, numa formação impressionante, o significado e o conteúdo deste tal como Jung os compreendia; nisto, a expressão *ideae principales*, sobre a qual se diz *"quae ipsae formatae non sunt; quae in divina intelligentia continentur [...]"*, se deixa facilmente traduzir pelo conceito "arquétipo".

Os conteúdos arquetípicos acompanham a estrutura psíquica do indivíduo na forma de possibilidades latentes, bem como de fatores tanto biológicos como históricos. Cada arquétipo é sempre atualizado de acordo com a vida exterior e interior do indivíduo e, ao receber forma, aparece na frente da câmera de consciência, ou como diz Jung, é "representado" diante da consciência.

Com o tempo, o conceito de arquétipo, inicialmente aplicado a "temas modelares" psíquicos e exprimíveis em imagens, foi estendido por Jung a todos os tipos de padrões, configurações, processos etc., incluindo processos dinâmicos e não apenas em ideias estáticas. Finalmente, ele passou a incluir todas as manifestações psíquicas, contanto que fossem de natureza universalmente humana e típica, tanto no plano biológico, psicobiológico como no ideacional.

Para maior esclarecimento, Jung traçou uma distinção mais clara entre os termos arquétipo, imagem primordial e dominante, que inicialmente usava arbitrariamente e de forma intercambiável; e, sobretudo, em 1946, em seu ensaio "O Espírito da psicologia"[6], apontou expressamente a necessidade de distinguir o "arquétipo em si", ou seja, o arquétipo não perceptível, apenas potencialmente presente, do arquétipo perceptível, atualizado, "representado". Isto é, devemos sempre distinguir nitidamente entre arquétipo e representação arquetípica ou "imagem arquetípica". Enquanto o arquétipo, como "ponto nodal invisível", ainda repousa no inconsciente coletivo, ele não pertence ao âmbito psíquico do indivíduo, mas apenas ao seu âmbito "psicoide", semelhante à psique.

> O arquétipo em si é um fator psicoide, que pertence, por assim dizer, à parte ultravioleta, invisível do espectro psicológico [...]. Deve-se sempre ter em mente que o que queremos dizer por "arquétipo" é, em si, abstrato, mas tem efeitos que possibilitam sua ilustração, a saber, as imagens arquetípicas[7].

---

6. JUNG. *Von den Wurzeln des Bewusstseins*, VII, p. 497. (Atualmente o ensaio se chama: *Theoretische Überlegungen zum Wesen des Psychischen.*)

7. Ibid., p. 577.

Apenas depois de ser expresso pelo material psíquico individual e ganhar forma, ele se torna *psíquico* e entra no espaço da consciência. Portanto, sempre que nos depararmos com o conceito arquétipo em algum trabalho de Jung, seria bom considerar se o termo faz referência ao "arquétipo *per se*" ainda latente, imperceptível ou a um arquétipo já atualizado, que se expressa no material psíquico consciente e já se tornou imagem.

Arquétipo, instinto e estrutura do cérebro

Em consonância com os inúmeros aspectos para abordar a definição do conceito arquétipo, salientaremos, em meio à plenitude quase ilimitada de enunciações de Jung, algumas que podem iluminar as características essenciais do arquétipo.

Jung escreveu:

> O inconsciente coletivo, como totalidade de todos os arquétipos, é o depósito de toda experiência humana, remontando aos seus primórdios mais obscuros, não um depósito morto – como se fosse um campo de ruínas abandonado –, mas sistemas vivos de reação e prontidão que, por caminhos invisíveis e por isso tanto mais eficazes, determinam a vida individual. Ele é não é, contudo, meramente de um gigantesco preconceito histórico, mas a fonte dos instintos, pois os arquétipos não são nada mais que as formas de manifestação dos instintos[8].

> Assim como precisamos estabelecer o conceito de um instinto que regula ou determina nossa ação

---

8. JUNG. *Seelenprobleme*, p. 173.

Complexo, arquétipo e símbolo 49

consciente, também precisamos, para a uniformidade e regularidade da intuição, de um conceito correlativo ao instinto, de uma grandeza que determine o tipo de apreensão. É justamente essa grandeza que chamo de *arquétipo* ou *imagem primordial*. Poderíamos chamar o arquétipo adequadamente da *intuição do instinto de si mesmo* ou como *autoimagem do instinto*[9].

Os arquétipos não podem se difundir universalmente apenas pela tradição, pela linguagem e pela migração, mas ressurgem espontaneamente em todo lugar e a qualquer época, sem intermediação externa [...] essa constatação não significa nada menos que em toda psique estão presentes disposições, formas inconscientes, mas, apesar disso, ativas, isto é, vivas [...] que preformam e influenciam instintualmente seus pensamentos, sentimentos e ações[10].

Essas definições de Jung levam a indagar quão estreita é a relação do arquétipo, em sua concepção, com a "estrutura do cérebro". Como há várias incertezas sobre este problema bastante sutil e importante, responderemos aqui com mais citações de seus trabalhos. "Eu entendo por arquétipo [...] uma propriedade ou condição estrutural que é peculiar à psique, a qual se encontra de alguma forma vinculada ao cérebro"[11].

Os arquétipos não são invenções arbitrárias, mas elementos autônomos da psique inconsciente, onde já se encontram antes de qualquer invenção. Eles representam a estrutura imutável de um

---

9. JUNG. *Über psychische Energetik*, p. 273.

10. JUNG. *Von den Wurzeln des Bewusstseins*, III, p. 95.

11. JUNG. *Psychologie und Religion*, p. 186s.

mundo psíquico, que, por seus efeitos determinantes sobre a consciência, mostra que ele "realmente" existe[12].

Os arquétipos são, de certo modo, fundamentos da psique consciente, ocultos em suas profundezas [...] são sistemas de prontidão, sendo, *a um só tempo, imagem e emoção*. São herdados com a estrutura do cérebro; de fato, são seu aspecto psíquico[13].

O arquétipo não é apenas *a imagem em si, mas, ao mesmo tempo*, dinamismo, que se manifesta na numinosidade, na força fascinante da imagem arquetípica. A realização e a assimilação do instinto acontecem [...] não por imersão na esfera instintiva, mas apenas pela assimilação da imagem, que ao mesmo tempo também significa e evoca o instinto, mas de uma forma completamente diferente daquela em que o encontramos no nível biológico [...] ele (o instinto) tem dois aspectos; por um lado, é vivenciado como uma dinâmica fisiológica e, por outro, suas múltiplas formas entram na consciência como imagens e conexões de imagens e desenvolvem efeitos numinosos que estão ou parecem estar na mais estrita oposição ao impulso fisiológico [...]. O arquétipo, como imagem do impulso, é psicologicamente uma meta espiritual ao qual insta a natureza do ser humano[14].

---

12. JUNG. *Symbolik des Geistes*, p. 62.
13. JUNG. *Seelenprobleme*, p. 179.
14. JUNG. *Von den Wurzeln des Bewusstseins*, VII, p. 574s.

Complexo, arquétipo e símbolo 51

Vemo-nos forçados a assumir, portanto, que a estrutura cerebral dada deve seu ser-assim não só à influência das condições de seu entorno, mas também, igualmente, à natureza peculiar e independente da matéria viva, isto é, a uma lei dada com a vida. Por conseguinte, a constituição dada do organismo é, por um lado, um produto das condições externas e, por outro, das determinações inerentes ao ser vivo. Assim, a imagem primordial (o arquétipo) deve ser referida, de um lado, sem dúvida, a certos processos naturais sensíveis, em constante renovação e, portanto, sempre efetivos, e, de outro, mas também sem dúvida, a certas disposições internas da vida espiritual e da vida em geral[15].

O seguinte trecho que a mais recente concepção de Jung sobre essa questão é mais abrangente, até mesmo revolucionária:

Devemos nos perguntar se outro substrato nervoso em nós, além do cérebro, pode pensar e perceber, ou se os processos psíquicos que ocorrem na ausência de consciência são fenômenos sincrônicos, ou seja, eventos sem qualquer relação causal com processos orgânicos [...]. Isso nos impele a concluir que um substrato nervoso, como o sistema simpático, tão diferente do cerebroespinhal em termos de origem e função, pode evidentemente produzir pensamentos e percepções tão bem como aquele [...]. Pois o sistema simpático, durante um desmaio, não fica paralisado e poderia, portanto, ser levado em consideração como possível portador de funções psíquicas. Se assim for, deveríamos

---

15. JUNG. *Psychologische Typen*. 7. ed. Zurique, 1950, p. 571s.

também indagar se a inconsciência normal do sono, que contém sonhos capazes de consciência, não poderia ser considerada de forma semelhante. Em outras palavras, portanto, caberia perguntar se os sonhos proviriam menos da atividade cortical dormente do que do sistema simpático não afetado pelo sono, sendo, por conseguinte, de natureza transcerebral[16].

O aspecto biológico do arquétipo

Na medida em que o arquétipo possui, de um lado, um aspecto orientado "para cima", para o mundo de imagens e ideias, e, de outro, um aspecto orientado "para baixo", para os processos biológicos, naturais, para os instintos, podem-se estabelecer certas relações entre ele e a psicologia animal. "Nada impede supor que certos arquétipos apareçam já em animais, e que eles se fundamentem, portanto, na peculiaridade do sistema vivo em geral"[17][18]. Hoje avançamos a um ponto em que A. Portmann, a quem devemos muitos trabalhos interessantes sobre esse tema, pode falar de um problema "de imagens primordiais, pré-formadas hereditariamente, na

---

16. JUNG. "Synchronizität als ein Prinzip akausaler Zusammenhänge". *Naturerklärung und Psyche*. Vol. IV. Zurique: Studien aus dem C.G. Jung-Institut, 1952, p. 95s.

17. JUNG. *Über die Psychologie des Unbewussten*, p. 126.

18. K.C. Schneider, em seu trabalho sobre "Psicologia animal" (In: *Einführung in die neuere Psychologie*. Viena, 1931, p. 359) fala de uma relação entre objeto e sujeito caracterizada por uma forma de ação que "preexiste potencialmente tal como a forma corpórea de um organismo preexiste potencialmente a seu desenvolvimento".

Complexo, arquétipo e símbolo

experiência do ser humano e dos animais"[19]; além disso, ele constata: "[...] o trabalho biológico sobre o sistema nervoso central animal revela estruturas que são ordenados de maneira gestáltica e podem provocar ações típicas da espécie [...]"[20]. E ainda: "Muitos desaprenderam a vivenciar conscientemente o que há de espantoso em toda organização viva – por isso se surpreendem com o fato de que o modo de experiência da

---

19. Em seu excelente e sumamente estimulante trabalho "Das Problem der Urbilder in biologischer Sicht" (*Eranos Jahrbuch 1950*. Vol. Esp. Zurique, p. 413ss.), Portmann, com base na experiência de sua pesquisa biológica, propõe uma classificação das estruturas e modos de atividade arquetípicos nos seguintes três estágios, que teriam validade tanto no âmbito animal como no humano: 1) Estruturas que devem sua origem a disposições formativas, hereditariamente dadas, bastante abertas e que, desde o início, têm um caráter gestáltico fixamente ordenado, que corresponde aos "gatilhos" identificados nos animais. 2) "Estruturas [...] em que as disposições hereditárias estão envolvidas apenas de modo muito aberto, geral, as quais são, no entanto, especialmente definidas em sua configuração por um 'cunho' individual, tal como este foi recentemente estabelecido na pesquisa sobre comportamento animal [...]" e cuja peculiaridade é "justamente determinada não por hereditariedade, mas por cunhagem". 3) Efeitos arquetípicos de caráter muito mais derivado do que nos dois grupos anteriores, ou "efeitos psicológicos de complexos secundários, que se originam no legado da herança tradicional, bem configurado, ordenado de um grupo humano. Sua gênese [...] conduz, por exercício, habituação e pelo poder de reforço do apreço e prestígio sociais, a estruturas complexas que são formadas secundariamente no inconsciente, onde alcançam um efeito estável". Aqui "temos pouca justificativa para salientar de modo particularmente forte o elemento herdado; ao contrário, deve-se enfatizar a esfera condicionada pela cultura". E ele acrescenta interrogativamente: "Se o arquétipo é um depósito de inúmeras experiências ou se é a precondição da experiência humana é algo que não sabemos; aliás, é justamente esta a questão" (p. 429ss.). A concepção de Jung permitiria esta classificação, contudo não na forma de três estruturas arquetípicas originalmente dadas, justapostas e equivalentes, mas apenas como estruturas, por assim dizer, dispostas em camadas umas sobre as outras, isto é, que foram formadas no desenvolvimento histórico, em que o segundo e o terceiro grupos constituem apenas "revestimentos" do primeiro. (Cf. tb. p. 71 deste livro).

20. PORTMANN, A. *Das Problem der Urbilder in biologischer Sicht*, p. 424.

interioridade de um animal também é predeterminado, ordenado e dado por estruturas fixas"[21].

A construção de um ninho é também um processo arquetípico como a dança ritual das abelhas, o mecanismo de defesa do polvo ou a abertura da cauda do pavão. A. Portmann observa a respeito:

> Esta ordenação da interioridade animal é dominada por aquele elemento formativo cujo modo de operação é encontrado pela psicologia humana no âmbito arquetípico. Todo o ritual dos animais superiores tem esse caráter arquetípico no mais alto grau. Ele aparece ao biólogo como uma pronunciada organização da vida instintiva, que assegura a convivência supraindividual de membros da mesma espécie, sincroniza a disposição dos parceiros e, por meio de uma regulação competitiva, impede a destruição de rivais, que seria nociva à conservação da espécie. *O comportamento ritualístico aparece como ordem supraindividual com valor de conservação da espécie*[22].

Em importante estudo, H. Hediger já tentou mostrar a ação dos arquétipos nas ações instintivas de animais[23]. O animal de vida livre não é "livre", mas está inserido num sistema de espaço-tempo, dentro do qual sua vida se desenrola em ordens firmemente estabelecidas. Se o arrancamos de seu sistema espaço-tempo familiar e o transplantamos artificialmente para um "espaço" estranho em que ele não está "em casa", ins-

---

21. Ibid., p. 422.

22. PORTMANN, A. "Riten der Tiere". *Eranos Jahrbuch*. Zurique, 1950, p. 386s.

23. HEDIGER, H. "Bemerkungen zum Raum-Zeit-System der Tiere". *Schweizerische Zeitschrift für Psychologie und ihre Anwendungen*, 1946, vol. V, cad. 4.

Complexo, arquétipo e símbolo

talam-se graves sintomas de desenraizamento. As hierarquias biológica e social compelem o animal a permanecer no espaço de seu local de origem, para que ele perca sua viabilidade. "A dourada liberdade do animal" – observou Hediger – "é a projeção de um ideal humano". Isso se aplica desde ao peixe até os vertebrados altamente organizados. Desse quadro também fazem parte o fenômeno de migração de mamíferos, peixes e aves, os itinerários milenares de certos animais selvagens etc. Os movimentos migratórios dos animais e o ritmo e a ritualização da vida diária entre os humanos são correlatos. Ater-se a modos de comportamento e de experiência inculcados é uma segurança, e desviar-se dela deve ser pago com medo e incerteza. O animal vai abandonar essas suas "seguranças" apenas se obrigado por força externa; o homem, pela relativa liberdade de sua consciência, tem a capacidade de sair voluntariamente delas, estando, portanto, exposto a um duplo perigo de sucumbir à *hybris* ou ao isolamento. Pois, ao se desprender de sua ordem primordial arquetípica, ele também se solta de suas raízes históricas e condicionadas pela espécie.

Além de Hediger e Portmann, também K. Lorenz e F. Alverdes[24], entre outros, apontaram que a doutrina dos arquétipos de Jung poderia fornecer uma base adequada para um panorama sobre a psicologia humana e animal. Lorenz, por exemplo, fala de "esquemas inatos"[25] (i. é, de certas formas

---

24. ALVERDES, F. "Die Wirksamkeit von Archetypen in den Instinkthandlungen der Tiere". *Zoologischer Anzeiger*, 1939, vol. 119.

25. Um conceito que ele escolheu em 1935 na esteira dos importantes trabalhos de J. Uexküll, que já em 1909, em seu livro *Umwelt und Innenwelt der Tiere*, destacou que cada indivíduo é portador de um "mundo de percepção" (*Merkwelt*), pelo qual pode "perceber" certas situações; no entanto, ele compreendia esse "mundo de percepção" como uma "estrutura de configurações nervosas" situada no cérebro.

de "reações inatas a situações de estímulos características"), que revelam uma "independência de experiências [...]"[26] em que uma "igualdade formal com certas relações da vida humana previstas no esquema inato também pode ser observada no comportamento animal"[27]. Ele enfatiza que não está se referindo a uma "imagem inata", mas apenas à "possibilidade pré-formada de seu surgimento", e diz que "é a experiência que preenche a forma com substância", e também que "certos modos de reação do ser humano *não* podem ser explicados por adaptação filogenética e por uma finalidade de preservação da espécie, sendo, antes, expressões diretas de leis que estão anexadas a todo ser vivo com tal e [...] parecem ser dadas *a priori*"[28]. – Embora Lorenz não aceitasse totalmente a doutrina dos arquétipos de Jung e a acusasse de ser uma "[...] generalização de leis especiais", não é difícil encontrar certos paralelos. Modos de comportamento chamados por V. Alverdes de "arquétipo do lar", "arquétipo da casa", "arquétipo do acasalamento", "arquétipo da parentalidade" são formas típicas de experiência tanto no âmbito animal como no humano. Eles representam certas configurações de ser e de agir e reagir que são estruturalmente marcadas em seu "padrão original", mas não em suas manifestações individuais.

Não se trata, no conceito de arquétipo, de uma representação herdada, mas sim de canalizações herdadas, ou seja, um *modus* herdado de função psíquica, portanto, daquela maneira inata pela

---

26. LORENZ, K. "Die angeborenen Formen möglicher Erfahrung". *Zeitschrift für Tierpsychologie*. Vol. V. Berlim, 1943, p. 283.

27. Ibid., p. 291.

28. Ibid., 334. Cf. tb. JUNG. *Über die Psychologie des Unbewussten*. Zurique, 1943, p. 126.

qual a galinha sai do ovo, os pássaros constroem seus ninhos, certa espécie de vespa atinge o gânglio motor da lagarta com o ferrão e as enguias encontram seu caminho para as Bermudas, em suma, de um *pattern of behaviour*. Este aspecto do arquétipo é o biológico... Mas a imagem muda completamente de figura quando vista a partir do interior, isto é, no espaço da psique subjetiva. Aqui o arquétipo se revela numinoso, isto é, como uma *experiência* de significado fundamental. Quando ele se reveste de símbolos correspondentes, o que nem sempre é o caso, ele põe o indivíduo num estado de comoção, cujas consequências podem ser incalculáveis[29].

Aqui os níveis biológicos, psicológicos e até mesmo, em certo sentido, "metafísicos" ainda se encontram muito juntos. Portanto, o nome "arquétopo" dado por Hediger[30] às categorias comportamentais típicas dos animais, como correlato psíquico do "biótopo" (unidade primordialmente topográfica[31]) não é, de modo algum, forçado.

Outra área em que, especialmente nos últimos 20 anos, houve muitas contribuições para o problema de estruturas psíquicas pré-formadas é a da psicologia infantil. Como exemplos, poderíamos citar os estudos realizados por R. Spitz com K.E.

---

29. JUNG. Introdução a HARDING, E. *Frauen-Mysterien*. Zurique, 1949, p. VIII [grifo meu].

30. Hediger substituiu esta expressão pelo termo mais amplo "psicotopo". SPITZ, R. & WOLF, K. *The Smiling Response* [Genetic Psychol. Monogr., 1946, vol. 34].

31. Esse termo foi cunhado por R. Hessein, em seu livro *Tiergeographie auf ökologischer Grundlage*. Jena, 1924.

Wolf[32], e por E. Kaila[33], que mostraram que a forma de relação social representada pelo sorriso no bebê de três a seis meses pode ser compreendida como resposta ao efeito gestáltico do rosto humano vivo, que atua como um "gatilho" de reações inatas arquetípicas. As obras de R. Kellog[34] sobre o esquema da estrutura arquetípica do desenvolvimento do eu da criança de dois a quatro anos de idade, tal como se expressa em seus rabiscos, fornecem *insights* interessantes. Jung diz:

> É [...] um grande erro supor que a psique do recém--nascido é uma *tabula rasa* no sentido de que não há absolutamente nada nela. Na medida em que a criança vem ao mundo com um cérebro diferenciado, predeterminado pela hereditariedade e também, portanto, individualizado, ela enfrenta os estímulos sensoriais externos não com *quaisquer* aptidões, mas sim *específicas* [...]. Essas aptidões são, comprovadamente, instintos e pré-formações herdados. Estas últimas são as condições formais, apriorísticas da apercepção, baseadas nos instintos[35].

Portanto, todos esses fatores que eram essenciais aos nossos ancestrais próximos e distantes também serão essenciais para nós, porque correspondem ao sistema orgânico herdado[36].

---

32. SPITZ, R. & WOLF, K. *The Smiling Response* [Genetic Psychol. Monogr., 1946, vol. 34].

33. KAILA, E. *Die Reaktionen des Säuglings auf das menschliche Gesicht* [Ann. Univers. Aboensis, vol. 17, 1932].

34. JACOBI, J. *Ich und Selbst in der Kinderzeichnung* [*Schw. Zeitschrift für Psychologie,* 1953, vol. XII, cad. 1].

35. JUNG. "Über den Archetypus, mit bes. Berücksichtigung des Animabegriffes". *Von den Wurzeln des Bewusstseins,* II, 77.

36. JUNG. *Seelenprobleme,* p. 165s.

Complexo, arquétipo e símbolo   59

Isto é excelentemente confirmado pelas observações e pesquisas do pediatra F. Stirnimann[37] sobre recém-nascidos durante os primeiros dias após o nascimento. Pois, de acordo com Stirnimann, a psique do recém-nascido já está "estruturada quando vem ao mundo". "Antecipações", isto é, modos de comportamento que pertencem a um estágio posterior de desenvolvimento e aparecem prematuramente permitem reconhecer esta estruturação. "Não há psicogênese pós-natal" – diz Stirnimann –

> apenas um desenvolvimento [...]. Não há apenas uma constituição física herdada, mas também instintos herdados [...]. A psique do recém-nascido é como uma chapa fotográfica que foi exposta nas gerações anteriores; quando é revelada, aparece a imagem ora aqui, ora ali em fragmentos individuais até que toda a imagem esteja diante de nós[38].

A concepção de que se trata aí apenas de reflexos não se sustenta. Pois os arquétipos, tal como estes, atuam autonomamente, por assim dizer, mas, em contraste com os reflexos, eles têm um caráter de significado relacionado ao consciente e são capazes de se manifestar tanto em todos os domínios psíquicos como em todos os espirituais.

Se o físico e o psíquico, essa comunhão inseparável, aparecem ainda totalmente fundidos num estágio natural de desenvolvimento, dificilmente distinguíveis entre si[39], no ser humano surge logo cedo a possibilidade de um paralelismo observável

---

37. STIRNIMANN, F. *Psychologie des neugeborenen Kindes*. Zurique, 1940.
38. Ibid., p. 96-105.
39. O instinto é a "corrente limite" entre a esfera do corpóreo e do psíquico; uma de suas margens pertence à terra do somático, a outra à terra da psique.

e, também em breve, de nítidos "caminhos separados" das duas esferas, que, entretanto, sempre devem permanecer inter-relacionadas. Na opinião de Jung, "as condições estruturais originais da psique apresentam a mesma surpreendente uniformidade das do corpo visível. Os arquétipos são algo como órgãos da psique pré-racional"[40]. "O arquétipo [...] é um órgão psíquico que pode ser encontrado em todos [...] uma parte vital necessária da economia psíquica"[41]. Além disso:

> Assim como o corpo vivo, com suas características específicas, é um sistema de funções de adaptação às condições ambientais, a psique também deve exibir aqueles órgãos ou sistemas funcionais que correspondam aos eventos físicos regulares. Não estou me referindo, com isto, às funções sensoriais relacionadas aos órgãos, mas, antes, a uma espécie de fenômenos psíquicos paralelos às regularidades físicas[42].

Compreensão realista e simbólica

Se, por exemplo, o curso diário do sol e a alternância de dia e noite se deixam exprimir sob a forma de uma sequência de imagens gravadas na psique humana desde tempos imemoriais – como o mito do herói que morre e ressuscita –, então se pode falar de uma "analogia imagética" do processo físico e presumir, com isto, que pertence à faculdade estruturalmente determinada da psique traduzir processos físicos em "imagens" ou formas arquetípicas,

---

40. JUNG. *Psychologischer Kommentar zum Tibetanischen Totenbuch.* 5. ed. Zurique, 1953, p. 26.

41. JUNG. *Zur Psychologie des Kind-Archetypus*, p. 117.

42. JUNG. *Seelenprobleme*, p. 166.

Complexo, arquétipo e símbolo

que têm uma conexão quase irreconhecível com o processo objetivo [...]. Não há aqui nenhuma razão para ver o psíquico como algo secundário ou como um epifenômeno; ao contrário, há motivos suficientes para considerá-lo um fator *sui generis*[43].

O ser humano realmente tem necessidade de colocar, ao lado da compreensão concretamente realista do mundo e suas experiências, uma compreensão simbólica, o que pode ser constatado em muitas crianças já na mais tenra idade[44]. A concepção em um nível simbólico, ou seja, a atividade de fantasia da psique lhes pertence organicamente tanto quanto a concepção mediada pelos órgãos dos sentidos. Ela representa uma aspiração natural e espontânea, que adiciona ao vínculo biológico do homem um vínculo com o espiritual, paralelo àquele e de igual valor, e, portanto, enriquece a vida com outra dimensão, uma dimensão que constitui, eminentemente, a condição humana. Ela é a raiz de toda a criatividade e não é alimentada por repressões (como a psicanálise acreditava), mas pela força dos arquétipos inicialmente imperceptíveis, uma força que opera do fundo da psique e cria a esfera do espiritual. Assim, por exemplo, o mito do herói solar é uma "tradução" espontânea que a psique faz do curso do sol, uma conscientização dos processos psíquicos que acompanham o processo físico. Porque "o arquétipo não provém de fatos físicos, mas descreve como a alma experimenta o fato físico"[45], isto é, o arquétipo permite traduzir

---

43. JUNG. *Von den Wurzeln des Bewusstseins*, II, p. 64.

44. JACOBI, J. "Der Beitrag Jungs zur Psychologie des Kindes". *Der Psychologe*. Vol. II. Schwarzenburg-Bern, 1950, cad. 7/8.

45. JUNG. *Zur Psychologie des Kind-Archetypus*, p. 109.

o físico para o psíquico. Pelo termo "traduzir", aponta-se aquela autoatividade da psique que até hoje não pode ser explicada por nenhum ponto de vista materialista ou biológico e que testemunha sua natureza, em última instância, espiritual, "independente da matéria"[46].

> O organismo confronta a luz com uma nova estrutura, o olho; e o espírito confronta o processo natural com uma imagem simbólica, que apreende o processo natural, como o olho, a luz. E assim como o olho é uma testemunha da atividade criativa peculiar e autônoma da matéria viva, a imagem primordial também é uma expressão do poder criativo, próprio e incondicional do espírito[47].

O arquétipo deve ser visto, portanto, como aquele campo de força e centro de energia que está na base da conversão do processo psíquico em imagem. Enquanto repousa, apenas como sistema de aptidão, no seio do inconsciente coletivo, ele é inicialmente "uma estrutura formalmente indeterminável, mas que tem a possibilidade de aparecer em certas formas por

---

46. Isso não é alterado pela concepção que pretende estabelecer uma analogia entre o arquétipo e a "Teoria dos Engramas" de Semon sobre a "*mneme*" filogenética. Embora Jung aceite uma forma básica típica de experiências psíquicas recorrentes, como o "depósito mnêmico", e as veja fundamentadas na peculiaridade da própria manifestação da vida e, em princípio, não as negue nem mesmo ao animal, seu conceito de arquétipo coincide apenas até certo ponto com o de "*mneme*". (Cf. JUNG. *Über die Psychologie des Unbewussten*, p. 176). Os arquétipos também têm certa semelhança com as chamadas "ideias elementares" do etnólogo e etnopsicólogo A. Bastian (1826-1905), que ele entendia como onipresentes formas básicas análogas das intuições, que o homem em todas as épocas e culturas está sempre produzindo de novo, por assim dizer, "espontaneamente".

47. JUNG. *Psychologische Typen*, p. 571.

meio de projeção"[48] [49]. Os componentes da palavra "arquétipo" já revela informações importantes sobre essas características. A primeira parte, "arque", significa "início, origem, causa e princípio", mas representa também "posição de um líder, soberania e governo" (portanto, uma espécie de "dominante"); a segunda parte, "tipo", significa "batida e o que é produzido por ela, o cunhar de moedas, forma, imagem, cópia, protótipo, modelo, ordem e norma"[...] no sentido figurado, mais moderno, "amostra, forma básica, figura primordial" (a forma que se encontra na "base" de uma série de indivíduos "semelhantes", humanos, animais ou vegetais)[50].

Nesses conceitos está contida a "gravação" por experiências típicas e recorrentes, tal como a referência às "forças" e "tendências" que conduzem empiricamente à repetição das mesmas experiências e formas.

Eles ilustram que

nos reinos verdadeiramente proteanos da psique há, de fato, um princípio formativo, funções dominantes, precisamente, os "arquétipos", e que, nessas áreas, podemos falar da atuação de um elemento informe, e um formativo (*forma*) sobre um

---

48. Entendemos por *projeção* a extrapolação inconsciente, automática de um conteúdo psíquico sobre um objeto; em seguida, aquele conteúdo nos aparece como propriedade deste objeto. Tudo o que está inconsciente no homem é projetada por ele num objeto localizado fora de seu eu, razão pela qual o processo de projeção é parte da vida natural da psique, da própria condição humana.

49. JUNG. *Das göttliche Kind*, p. 117.

50. Aqui seguimos as excelentes formulações de Paul Schmitt em seu estudo "Archetypisches bei Augustin und Goethe" (In: *Eranos-Festschrift zu Jungs 70 – Geburtstag*. Vol. Esp. Zurique, 1945, p. 98s.).

elemento formado (*formata*), e dessa atuação em diferentes "níveis"[51].

Arquétipo e ideia platônica

É evidente certa relação com o conceito de "ideia" de Platão, mas ela é apenas parcial, pois os arquétipos, por assim dizer, "representam a ideia platônica numa base empírica"[52]. Ambos significam algo figurado, "imagético", "visto", mas, ao contrário do arquétipo, é inerente às ideias a "propriedade da imutabilidade"[53], de modo que devemos entendê-las como formas eternas transcendentes, que existem *antes de* toda experiência. Aqui seria fácil fazer referências à distinção junguiana entre o "arquétipo *per se*" (não perceptível) e o arquétipo já perceptível ou "representado"[54], ao assumirmos que o primeiro "transcende" o espaço psíquico, é de natureza inapreensível, apenas "psicoide" e, portanto, anterior a toda experiência pela consciência, tal como a ideia platônica. "Transcendente e eterno" não deve ser entendido como conceito metafísico, mas empiricamente como "além da consciência". Se, por outro lado, a "ideia" aparece dentro das categorias de tempo e espaço no âmbito da criação, isto é, no âmbito da psique consciente, na forma de um *eidolon*, então o eterno (ideia) e o temporal-material (modo de manifestação) são unidos nesse *eidolon*, tal como no "arquétipo perceptível"; ou seja,

---

51. SCHMITT. P. *Archetypisches*, p. 114.

52. JUNG. "Über den Archetypus". *Zentralblatt für Psychotherapie*, 1936, vol. 9, cad. V, p. 264.

53. SCHMITT, P. *Archetypisches*, p. 99.

54. JUNG. "Theoretische Überlegungen zum Wesen des Psychischen". *Von den Wurzeln des Bewusstseins*, VII, p. 576.

Complexo, arquétipo e símbolo

exprime-se uma bipolaridade, uma antinomia. Nesse sentido, pode-se dizer, com Jung, que as ideias de Platão "eternas, preservadas em lugares supracelestiais" são uma expressão filosófica dos arquétipos psicológicos[55]. Em relação à clareza da ideia, o arquétipo tem a superioridade da vivacidade. Ele é um "organismo vivo, 'dotado de força generativa'"[56].

Incessantemente, a psique fornece nos arquétipos as figuras e formas que possibilitam o conhecimento. Não há nenhuma ideia ou intuição essencial que não sejam embasadas em protoformas arquetípicas. Protoformas que surgiram num momento em que a consciência ainda não pensava, mas percebia, num momento em que o pensamento era ainda essencialmente revelação; nada inventado, mas imposto a partir do interior ou convincente por sua realidade imediata[57]. Assim, os arquétipos não são nada mais do que formas típicas de apreensão e de intuição, de experiência e reação, de comportamento e sofrimento, imagens da própria vida, "que se compraz em criar formas, dissolvê-las e recriá-las com velhas estampas: assim ocorre no plano material, no psíquico e no espiritual"[58].

Os arquétipos não são imagens herdadas

A comparação frequentemente lembrada com o *eidos* platônico, bem como a distinção até aqui negligenciada entre o "arquétipo em si", imperceptível, e o arquétipo perceptível, "representado", manifesto no espaço psíquico, levaram

---

55. Ibid., p. 545.
56. JUNG. *Psychologische Typen*, p. 574.
57. JUNG. *Von den Wurzeln des Bewusstseins*, II, p. 45.
58. SCHMITT, P. *Archetypisches*, p. 99.

os arquétipos a serem vistos como uma espécie de "imagens prontas" herdadas, gerando numerosos mal-entendidos e polêmicas desnecessárias.

De todos os lados alegou-se que, no estado atual da ciência, está excluída a possibilidade de herdar características ou memórias adquiridas. Nisso, as pessoas assiduamente ignoraram que os arquétipos de Jung representam uma condição estrutural da psique, que, sob certa constelação (de natureza interna e externa), é capaz de produzir os mesmos "padrões", o que não tem nada a ver com a herança de certas imagens. Elas não queriam e muitas vezes ainda não querem entender que essas "imagens primordiais", que são idênticas ou semelhantes apenas em seus traços básicos, repousam num princípio de forma que sempre foi inerente à psique; elas são "herdadas" apenas no sentido de que a estrutura da psique, tal como é, presentifica uma herança universalmente humana e traz em si a capacidade de se expressar em certas formas específicas. Supostamente, uma pessoa vivendo em outro planeta – se é que existe tal criatura – teria uma psique diferente da nossa, cuja condição estrutural exibiria também imagens primordiais típicas ou arquétipos completamente diferentes.

Por conseguinte, deve ser enfatizado que os arquétipos não são ideias herdadas, mas *possibilidades de representação* herdadas. "Eles aparecem apenas no material formado como princípio regulador de sua formação"[59]. Eles são canalizações, aptidões, leitos de rio, em que a água da vida cavou profundamente. Essas "cavações" formam, por assim dizer, a rede psíquica e seus "pontos nodais", designação que já demos acima à *estrutura complexa da alma* com seus

---

59. JUNG. *Seelenprobleme*, p. 68.

Complexo, arquétipo e símbolo

"*núcleos de significado*". Devemos presumi-los como os organizadores ocultos das representações; eles são aquele padrão primordial na qual se funda a ordem invisível da psique invisível, cuja força inexpugnável, na roda constante dos milênios, mantém vivos os conteúdos que caem no inconsciente por "modelação, remodelação, conservação do sentido eterno". Eles constituem um "sistema axial potencial" e, de certo modo, são – "como a rede cristalina invisível que ainda se encontra na água-mãe" – pré-formados no inconsciente, sem possuir uma existência material; são, por assim dizer, *eternels incrées* (como Jung também os chamava usando expressão de Bergson), que devem ser primeiramente consolidados, iluminados e "vestidos" pela consciência antes de poder aparecer como "realidade material", como "imagem" e, por assim dizer, nascer. Ainda que os encontremos em nós (como, p. ex., nos sonhos) os arquétipos, tão logo nos conscientizemos deles, pertencem ao vívido mundo externo, pois foi daí que seus modos de manifestação extraíram a matéria em que eles "se revestem". "O arquétipo é, por assim dizer, presença 'eterna'", diz Jung[60]; e até que ponto ele é percebido ou não pelo consciente é algo que depende apenas da constelação[61] em questão.

O "arquétipo em si" é um fator abstrato, uma disposição que começa a agir em dado momento do desenvolvimento do espírito humano, ao ordenar o material consciente como figuras determinadas.

---

60. JUNG. *Psychologie und Alchemie*. 2. ed. Zurique, 1952, p. 305.

61. Constelação, neste contexto, significa o tipo de estado de consciência com que o inconsciente tem uma relação de compensação, o que se manifesta na distribuição da energia psíquica e na correspondente carga do arquétipo tocado e "despertado" pelo problema corrente.

Nenhum arquétipo se deixa reduzir a uma fórmula simples. Ele é um recipiente que nunca podemos nunca esvaziar, nem encher. Ele existe em si apenas potencialmente, e se ele toma forma na matéria, ele não é mais o que era antes. Ele persiste através dos milênios e exige sempre nova interpretação[62].

Ele é imutável em sua "estrutura básica", mas está em constante transformação em seu modo de manifestação. Mas isso também parece estabelecer o limite intransponível de sua interpretabilidade e sua definibilidade. Pois

não podemos, nem por um momento, sucumbir à ilusão de que finalmente podemos explicar um arquétipo e considerá-lo resolvido. Mesmo a melhor explicação não é nada senão uma tradução mais ou menos bem-sucedida para outra linguagem figurada[63].

Arquétipo e "Gestalt"

Como "forma" herdada, inicialmente não caracterizada por nenhum conteúdo específico, o arquétipo também permite estabelecer uma conexão com a Teoria da *Gestalt*, pois podemos dizer que o que "é herdado" é justamente apenas a *Gestalt*, ou seja, a capacidade da psique de vivenciar em *Gestalten* e criá-las, tanto no sentido literal como no correto sentido da totalidade[64].

---

62. JUNG. *Zur Psychologie des Kind-Archetypus*, p. 142.

63. Ibid., p. 117.

64. Cf. tb. JACOBI, J. *Die Psychologie von C.G. Jung.* 3. ed. Zurique, 1949, p. 85.

Os "critérios de Gestalt"[65], formulados por C. von Ehrenfels (1859-1932), fundador da psicologia da *Gestalt*, também permitem certas analogias: a) as *Gestalten* contêm mais do que a mera soma de seus elementos; b) as *Gestalten* conservam seu caráter e suas propriedades distintivas, mesmo quando modificamos seus fundamentos de certa maneira. Elas são, portanto, "totalidades" (como os arquétipos), que não podemos definir, mas apenas "circunscrever" ou experienciar. "Totalidade significa estrutura fechada, condicionada por seu significado"[66]. Como tais, as totalidades podem, no entanto, ser transpostas e variadas, e o que permanece imutável e reconhecível é o invariante, a *Gestalt* pura e simplesmente[67]. Por exemplo, uma melodia simples, não importa em que tom é tocada, jamais perderá sua *Gestalt* básica e será identificada por quem a conhece dentre todas as variações, por complicadas que sejam. Do mesmo modo, sobre uma planta em forma de cruz podemos construir uma igreja, seja em que estilo for, gótico, mourisco, barroco ou moderno etc., sem que seu padrão básico cruciforme se perca. De modo similar, um arquétipo – tomemos, por exemplo, aquele que deve exprimir a "criação de uma relação" entre dois "campos" – pode tomar emprestado

---

65. Um bom sumário da "psicologia gestáltica" é fornecido por D. Katz em seu livro *Gestaltpsychologie* (Basileia, 1944).

66. Indico, neste contexto, o informativo e interessante trabalho de K.W. Bash sobre "Gestalt, Símbolo e Arquétipo" (*Schw. Zeitschrift für Psychologie*, 1946, vol. V, cad. 2, p. 127-138).

67. K. Lorenz observa que as características de "imagens de memória adquiridas" são de uma "qualidade não intercambiável", motivo pelo qual, ao contrário dos "esquemas inatos", elas *não são transponíveis*. Se considerarmos certas analogias entre o conceito de "esquemas inatos" e a doutrina dos arquétipos de Jung, veremos que ambos também guardam semelhanças com a Teoria da Gestalt.

seu modo de manifestação dos mais diversos campos materiais e sensoriais, e, ainda assim, conservar sua identidade de significado, como, por exemplo, ponte, arco-íris, alto do desfiladeiro, compromisso, arco de conexão podem representar sempre o mesmo significado ou um conteúdo de significado fundamentalmente semelhante e, no entanto, cada um deles, tomado separadamente, pode ilustrar um certo aspecto especial dele.

É claro, na concepção da psicologia gestáltica, *Gestalt* significa algo puramente formal; falta-lhe, em grande parte, uma plenitude de sentido que é um elemento constitutivo do arquétipo. Porque, é verdade, "sentido" significa, na psicologia gestáltica, "ordem gestáltica interior"[68], mas deve ser entendido apenas como algo formal, como o "padrão primordial", e não algo no plano do conteúdo, como isso pode ser expresso no arquétipo em valores de imagem por meio da carga emocional. Por outro lado, o "caráter de totalidade" e a "transponibilidade" pertencem à base essencial indispensável tanto do arquétipo como da *Gestalt*. "*Gestalten* são totalidades, cujo comportamento não é determinado pelo comportamento dos seus membros, mas pela natureza intrínseca do todo" (Wertheimer); mas aqui também deve ser enfatizado que as "*Gesltaten* excelentes" (ou seja, aquelas com pregnância), assim como os arquétipos, não existem prontas como as ideias platônicas, mas surgem do jogo de forças psíquicas, como resultado necessário das leis de ordem inerentes à psique[69].

---

68. KATZ, D. *Gestaltpsychologie*, p. 83.

69. BASH, K.W. "Gestalt, Symbol und Archetypus". *Schweiz* – Zeitschrift für Psychologie, 1946, vol. V, p. 137.

Hierarquia de arquétipos

Todo arquétipo é capaz de desenvolvimento e diferenciação infinitos; como uma árvore robusta, ele é capaz de produzir galhos e milhares de flores resplandecentes. Parece ocioso perguntar se há muitas formas primordiais, ou arquétipos; em última análise, eles podem ser reduzidos às possibilidades das experiências fundamentais típicas e talvez, quem sabe, apenas à unidade das duas oposições fundamentais nas quais repousa a própria criação, como claro-escuro, céu-terra etc.

Quanto mais profunda é a camada no inconsciente da qual provém o arquétipo, mais escasso será seu desenho básico, porém mais oportunidades de desenvolvimento estarão encerradas nele, maior será sua riqueza de significados. Como comparação expressiva, podemos aduzir, por exemplo, as genealogias dos deuses:

> A essência de uma divindade se desdobra em seus descendentes. Quanto mais elevada, mais antiga é a posição das figuras divinas procriadoras no sistema da genealogia, maior é a riqueza das essências contidas nelas, mais ambígua sua concepção. E assim como num sistema lógico o conceito supremo permanece qualitativa e quantitativamente inalterado, mesmo depois de inúmeros conceitos inferiores terem se desenvolvido dele, os seres parentais mantêm inalterada sua plenitude de ser e essência, mesmo após as suas modificações individuais terem se soltado deles na forma de seus filhos[70].

---

70. PHILIPPSON, P. *Untersuchungen über den griechischen Mythos*. Zurique, 1944, p. 14.

Por isso, para um procedimento mais diferenciado, também podemos distinguir certa gradação no mundo dos arquétipos. Por exemplo, os arquétipos que não são mais redutíveis e, por assim dizer, representam os "primeiros pais", podem ser designados como arquétipos "primários" e seus "filhos" como arquétipos "secundários" e os "filhos dos filhos" como arquétipos "terciários", até chegarmos àqueles que, em seus modos de manifestação extremamente complicados, estão mais próximos do conhecido espaço de nossa consciência e, portanto, também possuem a menor plenitude de sentido e numinosidade ou carga energética. Essa gradação poderia ser formada, por exemplo, dos arquétipos que manifestam os traços primordiais típicos de toda a família humana, apenas do sexo feminino, da raça branca, do europeu, do nórdico, do suíço, do indivíduo, da família Müller etc. Pois é inegável que, ao lado dos arquétipos que pertencem a todo o gênero humano ou ao europeu, uma pessoa originária da Basileia também corporificará aqueles que são típicos apenas do natural de Basileia. Estes devem ser considerados variações dos primeiros, que, embora sejam dados na estrutura primordial, são representados numa concretização espaçotemporal, individual dessa estrutura, no modo de manifestação (ou seja, "vestimenta") imprimido pela época e pela constelação ambiental em que ocorrem. Como nas genealogias dos deuses, eles são, enquanto "filhos", separados do seio da "família primordial", e têm, portanto, aspectos extremamente diversos. As necessidades primordiais, essencialmente imutáveis, e as experiências fundamentais típicas, eternamente recorrentes, da humanidade garantem, por um lado, a existência inabalável dos arquétipos e criam, por outro, as "tensões de campo" dentro da psique,

Complexo, arquétipo e símbolo 73

graças às quais eles se manifestam sempre de nova maneira nas mais diversas variações e vestimentas[71].

Assim como os cristais repousam em leis fundamentais relativamente simples, os arquétipos também apresentam certos traços básicos, que os remetem a determinados grupos[72]. "Existem tipos de situações e de figuras que se repetem com frequência e de acordo com o sentido. Por isso, também emprego o conceito de *motivo* para designar essas repetições"[73], diz Jung. Os temas típicos do inconsciente coletivo são similaridades fundamentais como, por exemplo, as que ocorrem nas analogias funcionais dentro do mundo vegetal ou animal. "São formas existentes *a priori*, 'impressões' ou normas biológicas de atividade psíquica"[74]. No entanto, os arquétipos não apenas formam o "padrão primordial" para personificações de aspectos psíquicos parciais e, portanto, de figuras de todos os tipos, como também podem representar o "desenho básico" de relações e regularidades abstratas[75].

A manifestação psíquica do espírito indica, prontamente, que é de natureza arquetípica; isto é, o

---

71. A proposta de E. Schneider, em seu ensaio "Zur Psychologie des Unbewussten" (*Schweiz* – Zeitschrift für Psychologie, 1952, vol. IX, n. 2, p. 104s.), de incluir os arquétipos entre as três características que a caracterologia normalmente atribui à pessoa (a saber, geral, i. é, coletiva; típica, isto é, grupal; e individual), parece apontar na mesma direção.

72. JUNG. *Seelenprobleme*, p. 126.

73. JUNG. "Zum psychologischen Aspekt der Korefigur". In: JUNG & KERÉNYI. *Einführung in das Wesen der Mythologie*. Amsterdã, 1941, p. 218.

74. Ibid.

75. Cf., as explanações de Pauli em "Der Einfluss archetypischer Vorstellungen auf die Bildung naturwissenschaftlicher Theorien bei Kepler" (In: *Naturerklärung und Psyche, Studien aus dem C.G. Jung-Institut Zürich*, vol. IV. 1952, parte II), em que ele menciona as ideias de Kepler em referência às relações entre as concepções trinitárias e a tridimensionalidade do espaço.

fenômeno que chamamos de espírito repousa na existência de uma imagem primordial autônoma, que está universalmente presente, de modo pré-consciente, na estrutura da psique humana[76].

Mesmo que acreditemos que uma automanifestação do espírito, por exemplo, uma aparição de espírito, não seja mais do que uma alucinação, este é, todavia, um evento psíquico espontâneo (não subjugado à nossa vontade). É, em qualquer caso, um "complexo autônomo". O fato, por exemplo, de que a psique de cada indivíduo se desenvolve ao longo do seu desenvolvimento natural até uma totalidade, que contém os diversos componentes, tais como o eu, o inconsciente, a *persona*, a sombra, é um evento arquetípico. Pois a cristalização de um eu mais ou menos estável é, por exemplo, um processo de desenvolvimento que é comum à espécie humana e a caracteriza. Faz parte da natureza da psique que ela, como a semente, já traga em si a disposição para a maturação total e realize essa disposição na forma de processos arquetípicos. Assim, o processo de individuação, o desenvolvimento para uma personalidade única, potencialmente dado no homem, é um processo arquetípico e está incluído como germe em cada psique, quer seja atualizado ou não. E como toda a vida psíquica se baseia totalmente em arquétipos e como podemos falar não apenas de arquétipos, mas igualmente de situações, experiências, ações, sentimentos e conhecimentos arquetípicos etc., se limitássemos e restringíssemos o conceito, apenas o privaríamos de sua riqueza de significados e relações. Nosso julgamento intelectual sempre busca, naturalmente, uma

---

76. JUNG. *Symbolik des Geistes*, p. 13.

determinação inequívoca do arquétipo e, com isso, passa ao largo do essencial, pois o fator peculiar à sua natureza, e que devemos fixar antes de qualquer coisa, é sua ambivalência[77].

Sobre o inconsciente coletivo

O inconsciente coletivo, como matriz suprapessoal, como a soma ilimitada de condições psíquicas básicas ativas, acumulada ao longo de milhões de anos, tem uma amplitude incalculável e uma profundidade insondável; é o equivalente interno da criação, desde os primeiros dias de seu ser e desenvolvimento, um cosmos interior tão infinito como o exterior. A noção, bastante difundida, do inconsciente coletivo como uma "camada" *sob* a consciência é, portanto, tão infundada quanto enganosa. Esse costume generalizado de muitas pessoas, especialmente de formação filosófica e teológica, de identificar o inconsciente com algo negativo, sujo ou imoral e, portanto, situá-lo na região mais profunda da psique, se deve à falta de distinção entre o inconsciente pessoal e o coletivo, quando este último, seguindo a teoria freudiana, é entendido como puro "reservatório de repressões". No entanto, o inconsciente coletivo não é o conteúdo da experiência, mas a correspondência a ela ou ao mundo como um todo. Aqui se perde de vista o fato de que o inconsciente coletivo é de natureza completamente diferente, por conter em si todos os conteúdos da experiência psíquica da humanidade, tanto os mais valiosos como os mais inúteis, os mais belos e os mais feios; bem como o fato de que o inconsciente coletivo é, em si, inteiramente

---

77. JUNG. "Über die Archetypen des kollektiven Unbewussten". In: *Von den Wurzeln des Bewusstseins*, I, p. 52s.

"neutro" em todos os aspectos, e seus conteúdos só adquirem valor e posição na confrontação com a consciência.

Esse caráter "neutro" do inconsciente coletivo também levou Jung a designá-lo como "objetivo", em contraste com a consciência, que sempre adota e precisa adotar uma posição subjetiva, guiada pela escolha e atitude pessoais, a não ser que seja levada a reboque pelas correntes inconscientes, e a cunhar para ele a apropriada expressão "objetivo-psíquico". Pois dele sai, através dos arquétipos, a voz genuína da natureza, para além do juízo da consciência e não influenciada pelos mandamentos e proibições do ambiente, cujo sedimento se revela no material do inconsciente pessoal[78 79]. Portanto,

---

78. Um mal-entendido, não menos lamentável, também prevalece em relação ao inconsciente coletivo como fonte primária de energia psíquica, da "libido indiferenciada", muitas vezes confundida com o conceito aristotélico que tem sonoridade similar – ou seja, com um conceito metafísico. Aqui se encontra, talvez, o ponto de partida das *objeções errôneas*, mas persistentes, que os teólogos frequentemente levantam contra as constatações empíricas de Jung sobre a ideia de Deus na vida psíquica.

79. A tentativa de E. Schneider de substituir o conceito de inconsciente coletivo por um de "inconsciente instintivo", para "pôr os arquétipos sobre uma base tangível" falha justamente porque o "arquétipo *per se*", a soma do qual constitui o inconsciente coletivo, transcende a consciência e, portanto, *não* é "tangível". Sua existência só pode ser inferida da fenomenologia coletiva, universalmente humana, não individual da psique. Portanto, de fato – como Schneider observa corretamente –, "sua ação formativa atua no plano físico", bem como "se estende até a consciência formando imagens", e "fatores ordenadores" do inconsciente também se exprimem no arquétipo perceptível, mas o inconsciente não pode ser visto apenas como "órgão corpóreo de produção de formas e criação de funções para a condução do corpo". Pois os arquétipos também ilustram, para além do plano físico, ideações, fatos e fatores metafísicos, símbolos etc., que não estão contidos no termo "inconsciente instintivo" (cf. JUNG. *Von den Wurzeln des Bewusstseins*, VII). Por mais que Schneider insista em que suas observações sejam tratadas como "psicologia biológica", seu conceito do inconsciente instintivo permanece totalmente preso ao plano biológico, embora Schneider inclua a consciência – e, precisamente, porque ele inclui *apenas* esta – e não leve em

uma definição topográfica ou uma distinção entre camadas "superiores" e "inferiores" poderiam talvez, de algum modo, ser aplicadas ao "inconsciente pessoal" enquanto receptáculo de conteúdos estreitamente ligados à vida instintiva e reprimidos *intra vitam*. Mas, quanto ao inconsciente coletivo, também teríamos o mesmo direito de representá-lo como estando acima, ao redor, sob e ao lado do consciente, se é que esta noção heurística é acessível a uma "representação". "De acordo com minha experiência", diz Jung,

> a consciência só pode reivindicar uma *posição relativamente central* e tem de se conformar com o fato de que a psique inconsciente, de certo modo, a transcende e a cerca por todos os *lados*. Os conteúdos inconscientes a ligam para trás com as condições fisiológicas, por um lado, e os pressupostos arquetípicos, por outro. Mas também é antecipada para frente por intuições, que, por sua vez, são condicionados, em parte, por arquétipos, e, em parte, por percepções subliminares, ligadas à relatividade espaçotemporal do inconsciente[80].

Mais especificamente, diz Jung: "Precisamos [...] nos acostumar com a ideia de que o consciente não é um aqui e o inconsciente um lá. *A psique representa, antes, a totalidade consciente-inconsciente*"[81].

---

conta a "intrusão" do metafísico no psíquico, ou seja, sua função de formação de ideias. O inconsciente coletivo é designado por Jung como psicoide, isto é, como algo que transcende a consciência. Quando alguém o chama de espiritual, instintivo etc., está fazendo uma asserção sobre algo do qual, precisamente por ser inconsciente, não se pode dizer nada. Podemos apenas *descrever* os *efeitos* que dele emanam.

80. JUNG. *Psychologie und Alchemie*, p. 193s.

81. JUNG. *Von den Wurzeln des Bewusstseins*, VII, p. 557.

Arquétipo e sincronicidade

Os eventos, chamados ora de "milagre" ora de "acaso", que aparecem como simultaneidade significativa entre percepções internas (como pressentimentos, visões, sonhos etc.) e experiências externas, não importando se estão situados no presente, passado ou futuro – também, portanto, tudo o que é referido como telepatia[82] – já não pertencem apenas a essa "posição intermediária" da consciência, mas são todos manifestações daquela "zona limítrofe" em que o campo psíquico consciente e o inconsciente se tocam ou se sobrepõem, como costuma ocorrer quando o limiar da consciência abaixa e conteúdos inconscientes invadem espontaneamente o espaço da consciência. Eles podem, portanto, por assim dizer, ser ao mesmo tempo vivenciados e notados, na medida em que a relatividade espaçotemporal e a acausalidade reinantes no inconsciente ao mesmo tempo entram e atuam no campo da consciência. Trata-se aí de uma combinação de eventos sob circunstâncias que não são de natureza causal, mas exigem outro princípio de explicação[83]; em última análise, o que os provocam são os arquétipos.

Os estudos e investigações que Jung, desde muito, dedica a estes fenômenos, levaram-no, nos últimos anos, a adotar um

---

82. "Como demonstram os experimentos de PES de Rhine (PES = percepção extrassensorial), nestes fenômenos, um intenso interesse ou fascínio (emocional) são, em certa medida, acompanhados por fenômenos que só podem ser explicados por uma relatividade psíquica de tempo, espaço e causalidade. Uma vez que o arquétipo geralmente tem numinosidade, ele pode provocar justamente essa fascinação, que por sua vez é acompanhada pelos assim chamados fenômenos de sincronicidade. Estes consistem numa coincidência significativa de dois ou mais fatos causalmente desconectados, mas concordantes quanto ao sentido" (JUNG. *Aion*. Zurique, 1951, p. 267).

83. JUNG. "Synchronizität als ein Prinzip akausaler Zusammenhänge". In: *Studien aus dem C.G. Jung-Institut*, vol. IV, 1952, p. 3.

novo princípio natural, que se manifesta sob certas condições psíquicas e "se conecta, como quarto elemento, à reconhecida tríade de espaço, tempo, causalidade". Ele chamou esse princípio "sincronicidade", em contraposição a sincronismo (simultaneidade)[84]. Com isto, ele pretendia se referir à "coincidência temporal de dois ou mais eventos não causalmente inter-relacionados, com significados iguais ou semelhantes", a qual também se aplica a todas as "realidades *a priori*", ou "atos de criação no tempo"[85]. "Por mais incompreensível que isso possa parecer", diz ele, "somos finalmente forçados a aceitar que há no inconsciente algo como um conhecimento *a priori*, ou melhor, a presença de 'eventos' que carece de qualquer base causal"[86] e se manifesta perceptivelmente na constelação apropriada. Nesse contexto, Jung retoma o velho problema, não resolvido satisfatoriamente, do paralelismo psicofísico, usando uma nova perspectiva e tentando lhe dar um novo significado. Ele diz: "A sincronicidade tem propriedades que podem ser consideradas para explicar o problema mente-corpo. Acima de tudo, é o fato do arranjo sem causa ou, melhor, da ordem dotada de sentido, que poderia lançar luz sobre o paralelismo psicofísico"[87].

Pois *physis* e psique podem ser consideradas dois aspectos da mesma coisa, ordenadas em paralelismo dotado de sentido; elas estão, por assim dizer, "sobrepostas" uma na outra, são "síncronas" e sua interação não é compreensível apenas

---

84. "Sincronicidade não é uma visão filosófica, mas um conceito empírico que postula um princípio necessário ao conhecimento" (ibid., p. 99).

85. Ibid., p. 103s.

86. Ibid., p. 33.

87. Ibid., p. 91.

em termos causais. No entanto, este "estado ordenado sem causa"[88], como Jung chama as realidades inconscientes não é nada mais do que a estrutura arquetípica do inconsciente coletivo, e o arquétipo, quando se torna perceptível para a consciência, é "a *forma introspectivamente reconhecível de um ordenamento psíquico* a priori". Por sua elevada carga de energia ou seu efeito numinoso, ele evoca aquela intensa emotividade no indivíduo que é pré-requisito para a criação e a experiência dos fenômenos de sincronicidade[89]. Nessa visão, o arquétipo recebe, além de sua função como fator formativo dentro da psique individual, o significado estendido de uma "ordem", à qual "se submetem tanto a psique do indivíduo cognoscente como também o objeto conhecido na percepção"[90]. Ele pode ser considerado o ordenador de representações, operando a partir do inconsciente, uma espécie de "regulador e organizador"[91]. A vida do arquétipo é, comparado com nossa temporalidade individual, atemporal e sem limite.

> Nossa vida é a mesma que era desde a eternidade. Em todo caso, não há nada transitório em nosso senso, porque os mesmos processos fisiológicos e psicológicos próprios do homem há centenas de milhares de anos ainda perduram e dão ao nosso sentimento interior a intuição mais profunda da continuidade 'eterna' de tudo o que vive. Mas

---

88. "*A sincronicidade no sentido mais restrito é apenas um caso especial do arranjo ordenado geral acausal*, ou seja, aquele da equivalência de processos físicos e psíquicos [...]" (ibid., 104).

89. Cf. JUNG. *Synchronizität*, p. 21s.

90. PAULI, W. "Der Einfluss archetypischer Vorstellungen auf die Bildung naturwissenschaftlicher Theorien bei Kepler". *Studien aus dem C.G. Jung-Institut Zürich*, vol. IV, 1952, p. 111s.

91. Na visão de Jung, essa propriedade é possuída em máximo grau pelo arquétipo do "centro psíquico", o si-mesmo.

Complexo, arquétipo e símbolo

nosso si-mesmo, como epítome de nosso sistema vivo, não só inclui o sedimento e a soma de toda a vida vivida, mas é também o ponto de partida, o solo materno grávido de toda a vida futura, cujo pressentimento está tão claramente dado em nosso sentimento interior quanto o aspecto histórico. Dessas bases psicológicas brota legitimamente a ideia de imortalidade[92].

E, por esse motivo, o arquétipo, como todas as coisas psicologicamente vivas, também tem a propriedade essencial da *bipolaridade*. Tal qual uma cabeça de Janus, voltada "para trás e para frente", o arquétipo também reúne em si, numa totalidade significativa, todas as possibilidades do que já foi e do que ainda virá a ser. Com base nessa sua bipolaridade, seu aspecto "curativo" pode ser entendido como um desenvolvimento psicológico antecipatório e usado no tratamento analítico. "Como todos os arquétipos têm um caráter positivo, favorável, brilhante, apontando para cima, eles também têm um aspecto que aponta para baixo, em parte negativo e desfavorável, em parte ctônico"[93] [94]. – "No inconsciente, os arquétipos não estão isolados uns dos outros, mas estão num estado de contaminação, de total interpenetração e fusão"[95]. Muitas vezes, é "qua-

---

92. JUNG. *Die Beziehungen zwischen dem Ich und dem Unbewussten.* 3. ed. Zurique, 1939, 124. A biologia moderna tentou explicá-la a partir da "vida eterna" da célula original.

93. JUNG. *Symbolik des Geistes*, p. 28.

94. Na discussão sobre os complexos, já tínhamos visto que a estrutura contraditório e contrapontual como uma peculiaridade essencial da psique, o que exclui, fundamentalmente, a capacidade de apreendê-la a partir de uma perspectiva puramente racional.

95. JUNG. "Über die Archetypen des kollektiven Unbewussten". *Eranos Jahrbuch.* Zurique, 1934, p. 225.

se impossível arrancar um único arquétipo do vivo tecido de significados da psique, mas, apesar de sua interconexão, eles formam unidades intuitivamente apreensíveis"[96].

Arquétipo e consciência

> As alterações que atingem o homem não são de uma multiplicidade infinita, mas representam variantes de certos tipos de eventos. O número de tais tipos é limitado. Quando surge uma situação de emergência, um tipo correspondente a essa emergência se constela no inconsciente. Como este é numinoso, isto é, tem uma energia específica, ele atrai para si os conteúdos da consciência, isto é, ideias conscientes, por meio dos quais se torna perceptível e, assim, pode se tornar consciente. Quando entra na consciência, isto é sentido como iluminação e revelação ou ideia salvadora[97].

Os arquétipos recebem a qualidade de distinguibilidade para nossa consciência e, com isso, a possibilidade de serem apreendidos, entendidos, processados e assimilados por ela somente no encontro com a consciência, ou seja, quando a luz desta cai sobre eles e eles, portanto, se tornam "perceptíveis" e seus contornos emergem da escuridão cada vez mais acentuadamente e se enchem de conteúdo individual. "Evidentemente, algo psíquico só pode ser conteúdo da consciência, isto é, ser representado quando tem representabilidade,

---

96. JUNG. *Zur Psychologie des Kind-Archetypus*, p. 142s.
97. JUNG. *Symbole der Wandlung*, p. 507-508.

Complexo, arquétipo e símbolo

ou seja, *qualidade imagética*"[98], sendo, portanto, acessível ao processamento durante uma análise, o que pode traduzi-lo para uma fórmula consciente. Esse processo é absolutamente necessário, porque os conteúdos do inconsciente coletivo são justamente "núcleos de significado carregados de energia", que têm amiúde um poder mágico e fascinante e – como deuses que querem ser propiciados – precisam ser "irrealizados" em sua autonomia[99] por meio de uma "mudança de nome", isto é, traduzidos para uma linguagem comunicável, para poder cumprir seu sentido para a economia psicológica. Por isso, diz Jung:

> Portanto, a psicologia traduz a linguagem arcaica do mito para um mitologema moderno, ainda não reconhecido como tal, que forma um elemento do mito "ciência". Essa atividade "sem esperança" é um mito vivo e vivido e, por conseguinte, satisfatório, até mesmo terapêutico, para pessoas de temperamento correspondente[100].

Se essa tradução é bem-sucedida, por exemplo, no trabalho analítico, então as forças instintivas presentes nos conteúdos inconscientes são canalizados para a mente consciente, onde formam uma nova fonte de energia[101]. Isso cria uma nova conexão entre nosso mundo consciente pessoal e a experiência primordial da humanidade, e "o homem histórico, geral em nós estende a mão ao homem individual que acaba

---

98. JUNG. *Seelenprobleme*, p. 374.
99. JUNG. *Über psychische Energetik*, p. 133.
100. JUNG. *Zur Psychologie des Kind-Archetypus*, p. 143.
101. JUNG. *Über psychische Energetik*, p. 304.

de surgir"[102]: o acesso cindido ou bloqueado às raízes e fontes de nossa vida psíquica abre-se novamente. Isso também explica o efeito libertador que um encontro e confronto com os arquétipos podem ter para uma psique doente, fora de sua ordem natural.

Quando uma pessoa se encontra num estado psicológico muito grave e à primeira vista aparentemente sem esperança, costumam se instalar sonhos arquetípicos, que mostram uma possibilidade de progresso em que a pessoa não havia pensado. Em geral, são essas situações que constelam o arquétipo com grande regularidade, se não por meio de sonhos, então por meio de encontros e experiências que agitam o inconsciente. Nesses casos, o psicoterapeuta, contanto que entenda a linguagem do inconsciente e saiba empregá-la, não pode se abster de encontrar para o problema racionalmente inacessível outra solução, apontada pelo inconsciente do paciente. Se o paciente é abordado por essa atitude, "as camadas mais profundas do inconsciente, as imagens primordiais, são ativadas, o que põe em andamento a transformação da personalidade"[103].

O leigo, que não tem possibilidade de observar o comportamento dos complexos autônomos, em geral se inclina a atribuir – em consonância com a tendência geral – a origem dos conteúdos psíquicos ao mundo ambiente. Em relação aos conteúdos representativos da consciência, não resta dúvida de que essa expectativa é legítima. Mas, além desses conteúdos, também existem reações irracionais e afetivas, bem como os impulsos para uma organização (arquetípica) do material consciente, que

---

102. JUNG. *Seelenprobleme*, p. 333.
103. JUNG. *Synchronizität*, p. 25.

Complexo, arquétipo e símbolo

emanam do inconsciente. Nesse caso, quanto mais claro se torna o arquétipo, mais fortemente se faz sentir seu *"fascinosum"* e sua correspondente formulação como algo "demoníaco" [...]. Tal afirmação significa ser possuído por um arquétipo. As representações que estão na base dessa afirmação são, por sua própria natureza, antropomórficas e por isso mesmo se diferenciam do arquétipo ordenador que, em si mesmo, não é evidente, pelo fato de ser inconsciente. Tais representações mostram-nos, porém, que um arquétipo se tornou *ativo*. É bastante provável que a ativação de um arquétipo se deva a uma mudança nas disposições da consciência, que requer uma nova forma de compensação[104].

Essa compensação, por sua vez, conduz a uma nova distribuição da energia psíquica e a uma correspondente reorganização da situação psíquica. Em tais casos: "Temos de seguir a natureza como um guia, e que o médico faz então *é menos o tratamento do que o desenvolvimento dos germes criativos latentes no paciente*"[105].

Com frequência, o arquétipo confronta o indivíduo na forma de algo inicialmente insignificante, discreto; e isso também se aplica às figuras tanto do mundo exterior como do interior. No entanto, como Jung assinala apropriadamente, ele tem uma força capaz de condicionar o destino. Os arquétipos têm esta peculiaridade em comum com o mundo atômico, o qual demonstra em nossos dias que, quanto mais se aprofunda o experimento do pesquisador no universo da microfísica, tanto

---

104. JUNG. *Symbolik des Geistes*, p. 377s.
105. JUNG. *Seelenprobleme*, p. 96.

mais devastadoras são as energias que lá se encontram comprimidas. Tornou-se claro que não é só no âmbito físico, mas também na investigação psicológica, que o maior efeito provém do menor. Quantas vezes, num momento crítico da vida, tudo depende de um nada aparente[106].

Por isso, de acordo com Jung, mais cedo ou mais tarde, a física nuclear e a psicologia do inconsciente vão se aproximar de forma significativa, pois ambas, de forma independente e de lados opostos, avançam para um campo transcendental, a primeira com a ideia de átomo, a última com a de arquétipo[107].

Um exemplo derivado de um sonho

O seguinte sonho pode servir como uma ilustração de uma compreensão mais precisa do papel e do efeito que pode ter um arquétipo. Foi sonhado por um médico francês de 35 anos, internista, bastante racional. Sua capacidade de formulações brilhantes e seu forte poder intelectual levaram-no a acreditar que ele *era* um excelente médico, que era *obra dele* se seus pacientes melhoravam; que sua habilidade e sua vontade eram de uma força extraordinária.

No entanto, essa inflação do eu ignorava completamente que os talentos criativos que ele possuía em alto grau durante a juventude haviam sido completamente sufocados e que suas forças emocionais estavam paralisadas e doentes. Portanto, o sonho, mediante uma impressionante compensação de natureza arquetípica, devia tentar corrigir esse estado unilateral

---

106. JUNG. *Symbolik des Geistes*, p. 26.
107. JUNG. *Aion*, p. 373.

Complexo, arquétipo e símbolo

da consciência, que já ameaçava o equilíbrio psíquico. Esse homem assim o narrou:

> Estou sentado num banco de pedra numa caverna subterrânea do tamanho de uma sala. Atrás de mim há uma figura solene, um pouco maior, de um sacerdote, também sentado num nicho de pedra (uma espécie de Sarastro de *A Flauta Mágica*), vestido com túnica branca longa. A figura está sentada logo atrás de mim, imóvel, apenas os olhos mostram que está viva. Impropriamente, estou vestindo um *smoking*, uma roupa que não combina em nada com a caverna. O teto e as paredes da caverna estão cheios de pedras que cintilam como joias. Agora, uma menina é trazida para dentro. Ela está pobremente vestida, em roupa de hospital. Está em estado catatônico e se deixa sentar passivamente num banco de pedra à minha frente. É completamente inacessível e não mostra reação alguma.
>
> Então começo a falar com ela, calmamente, gentilmente. Continuo falando com ela, e, lentamente, gradualmente seu estado de estupor desaparece. Ela agora se movimenta, endireita-se e, por fim, começa a olhar para mim com os olhos iluminados, saudáveis. A olhos vistos, ela se transforma de doente psíquica para jovem saudável, que, com a continuação da transformação, assume qualidades de contos de fadas; finalmente, ela dança como um elfo pela caverna e desaparece definitivamente.
>
> Durante todo esse tempo, o sumo sacerdote permaneceu sentado imóvel atrás de mim em seu assento elevado, e eu sabia que só fui capaz de curar a menina por causa de sua influência de Mana. – O sonho deixou um sentimento de profunda segurança e de confiança em relação à figura desse

homem, que emanava o poder de cura que passou por mim.

Um comentário sobre este sonho seria supérfluo. Sua interpretação já está expressa nele mesmo. Não é o homem supostamente onisciente, cheio de vontade que cura, mas a força do "arquétipo do espírito" "atrás dele", que "passa por ele". Se ele, com humildade, deixa essa força "atravessá-lo", o lado até então rígido, feminino-emocional e doente do sonhador é preenchido com nova vida, ganha saúde e leveza; seu talento poético, que estava paralisado, é restaurado[108]. Como o herói (neste caso, o sonhador), quando se encontra em situação desesperada, não pode, por motivos externos e internos, realizar esta tarefa (i. é, a "cura de si mesmo"), então aparece, para compensar a deficiência, o conhecimento necessário sob a forma de um pensamento personificado[109], justamente a forma de aconselhamento e de ajuda por parte do "velho sábio".

Não será fácil a ninguém cuja consciência ainda tem uma centelha de vida, um vestígio de tangibilidade, desprezar a "comunicação" de tal sonho ou rejeitá-la como "fantasia" numa postura racionalista. Ela se impõe à consciência com toda sua força, para que tome conhecimento dela, tornando possível uma mudança de atitude. Se ela for rejeitada, isto é, se o arquétipo que fala através dela não for reconhecido, "ele aparece por trás, em sua 'forma irada', como 'filho do Caos', como malfeitor sinistro, como Anticristo em vez de Salvador,

---

108. Uma explicação detalhada de todos os elementos e aspectos deste sonho carregado de sentido é desnecessária para este contexto aqui.

109. JUNG. *Symbolik des Geistes*, p. 18.

Complexo, arquétipo e símbolo

89

como a história contemporânea demonstra claramente"[110]. E isso se aplica não só à humanidade, mas a todos os indivíduos que a compõem. Aplica-se a todos aqueles que na "melhor das intenções" e, sem perceber, arrastam a si mesmos e a tudo em torno de si para o ameaçador abismo de seu inconsciente; a muitos psicóticos e neuróticos, convictos de que o mal nunca se encontra neles mesmos, mas sempre nos outros, que devem, por isso, ser perseguidos e condenados.

*

"Na realidade nunca nos libertaremos legitimamente do fundamento arquetípico, a não ser que estejamos dispostos a pagar o preço de uma neurose, da mesma forma que não nos livraremos de nosso corpo e de seus órgãos sem cometer suicídio"[111]. Pois os arquétipos são, enquanto voz da espécie humana, os principais *fatores de ordem*, que, quando são ignorados ou violados, trazem confusão e destruição. Podemos vê-los como as "causas infalíveis de distúrbios neuróticos e até mesmo psicóticos, ao se comportarem como órgãos corporais ou sistemas funcionais orgânicos negligenciados ou maltratados"[112]. Emergindo do fundo psicoide, eles têm uma influência *ordenadora* sobre os processos psíquicos e os conteúdos da consciência, para conduzi-los por caminhos labirínticos a uma possível totalidade, pois eles "determinam o tipo e o curso da configuração com uma aparente presciência ou na

---

110. Ibid., p. 334.

111. JUNG. *Zur Psychologie des Kind-Archetypus*, p. 113.

112. Ibid., p. 112. Cf. tb. o que foi dito acima sobre a relação entre arquétipo e complexo.

posse *a priori* do objetivo, que é circunscrito pelo processo de centralização"[113]. Eles também são os eternos protetores e salvadores do indivíduo, que podem levantar qualquer bloqueio e transpor, eficaz e significativamente, qualquer cisão. Por isso, quem fala por meio de "imagens primordiais", fala

> como se tivesse mil vozes; comove e subjuga; e, ao mesmo tempo, aquilo que está expressando, ele o eleva do único e efêmero para a esfera do que é sempre. Eleva o destino pessoal ao destino da humanidade e, com isso, também solta em nós todas aquelas forças benéficas que desde sempre possibilitaram à humanidade salvar-se de todos os perigos e também sobreviver à mais longa noite[114].

---

113. JUNG. *Von den Wurzeln des Bewusstseins*, VII, p. 570.
114. JUNG. *Seelenprobleme*, p. 70s.

Símbolo

Arquétipo e símbolo

Se o arquétipo aparece no aqui e agora do espaço e do tempo, se pode ser percebido na consciência de alguma maneira, então estamos falando de *símbolo*. Isso quer dizer que cada símbolo é também ao mesmo tempo um arquétipo, que ele é determinado por um "arquétipo *per se*", não perceptível, ou seja, ele *deve* ter um "desenho básico arquetípico" para poder ser visto como um símbolo. Mas um arquétipo não será necessariamente idêntico a um símbolo. Como estrutura de conteúdo inicialmente indeterminado, como "sistema de prontidão", como "centro de energia invisível" etc., como já caracterizáramos o "arquétipo *per se*", ele é, no entanto, *sempre um símbolo potencial*, e seu "núcleo dinâmico", sempre que houver uma constelação psíquica geral, uma situação de consciência correspondente, *estará pronto para se atualizar e se manifestar como símbolo*.

> A psique é para si mesma a única e imediata experiência e condição *sine qua non* da realidade subjetiva do mundo em geral. Ela cria símbolos cuja base é o arquétipo inconsciente e cuja imagem manifesta provém das ideias que o consciente adquiriu. Os arquétipos são elementos estruturais

numinosos da psique e possuem certa autonomia e energia específica, graças à qual podem atrair os conteúdos do consciente a eles adequados[1].

O inconsciente fornece, por assim dizer, a forma arquetípica, que em si é vazia e, portanto, irrepresentável. Mas, do lado consciente, ela é imediatamente preenchida pelo material de representação que lhe é próximo ou semelhante, e assim torna-se perceptível[2].

Pois, tão logo o conteúdo puramente humano-coletivo do arquétipo, que representa o material cru fornecido pelo inconsciente coletivo, entra num relacionamento com a consciência e com sua propriedade doadora de formas, o arquétipo adquire "corpo", "substância", "forma plástica" etc.; ele se torna representável e só então se torna uma *imagem* verdadeira – a imagem arquetípica, o símbolo. Para defini-lo de uma perspectiva funcional, poderíamos dizer que o "arquétipo *per se*" é essencialmente energia psíquica concentrada, mas o símbolo lhe acrescenta o modo de manifestação, pelo qual o arquétipo se torna discernível. Nesse sentido, Jung também define o símbolo como "essência *e* imagem da energia psíquica". Portanto, *jamais* podemos encontrar o "arquétipo *per se*" *diretamente*, mas *apenas indiretamente*, quando se manifesta na imagem ou símbolo arquetípicos, ou no sintoma e no complexo. Enquanto algo está inconsciente, não podemos asseverar nada a seu respeito; portanto, qualquer afirmação

---

1. JUNG. *Symbole der Wandlung*, p. 391.

2. JUNG. *Von den Wurzeln des Bewusstseins*, VI, p. 491.

Complexo, arquétipo e símbolo

sobre o arquétipo segue sendo uma "inferência"[3]. Grande parte das confusões e mal-entendidos se deve ao fato de não levarmos em consideração essa circunstância – que revela uma diferença essencial dos dois termos "arquétipo" e "símbolo"[4].

Um símbolo nunca é completamente abstrato, mas sempre "encarnado". Por essa razão, até mesmo os mais abstratos contextos, situações ou ideias de natureza arquetípica são visualizados pela psique em formas, figuras, imagens, objetos etc. especiais (que podem ser tanto de um tipo concreto, como formas humanas, animais e vegetais[5], quanto abstrato, como o círculo, o cubo, a cruz, a bola entre outros), ou então são pelo menos traduzidos em eventos *passíveis de ser postos em imagens* e assim representados. Foi esse poder da psique de criar imagens que, por exemplo, verteu o arquétipo da "luta entre a luz e as trevas, ou do bem e do mal" para um evento retratável como luta entre o dragão e o herói (um

---

3. Infelizmente, até mesmo em grande número de psiquiatras e psicoterapeutas, ainda impera a crença de que somente o que pode ser apreendido pelos sentidos é "real" e pode formar a base de uma afirmação científica. M. Boss, a quem a psicologia profunda muito deve por suas valiosas contribuições, demonstra que também adota essa postura em seu trabalho *Der Traum und seine Auslegung* (Berna, 1953), especialmente no capítulo sobre o arquétipo. Ele é incapaz de aceitar conceitos como arquétipo, símbolo, ou inconsciente, nem mesmo como hipóteses de trabalho. Ele os vê como palavras sem sentido. Mas, com isto, ele limita as manifestações da psique a seu aspecto comportamental em sua interação com o entorno, o que reduz a vida psíquica a suas possibilidades de relação com o mundo.

4. Para distinguir da maneira mais exata possível o arquétipo *per se*, dormente, não atualizado, não perceptível, daquele que já apareceu no espaço da consciência, que o tornou perceptível, plástico (ou seja, que o tornou uma imagem arquetípica), o termo "símbolo" será sempre utilizado para este último.

5. Cf. JUNG. "Der philosophische Baum". *Von den Wurzeln des Bewusstseins*, VI, p. 379.

tema primordial de muitas cosmogonias); ou que traduziu o arquétipo da "ideia de morte e renascimento" para uma sequência representável da vida do herói ou também para o símbolo do labirinto[6], tornando-se o criador de uma série ilimitada de mitos, contos de fadas, fábulas, épicos, baladas, dramas, romances etc. Vemos esse poder em atividade impressionante em todas as grandes criações intemporais da arte, que inesgotavelmente conectam o passado primordial com o futuro mais distante; nós o identificamos nas visões dos videntes e nas aparições e sinais de santos e buscadores religiosos, nas fantasias dos poetas e também sem dúvida no mundo noturno dos sonhos, que, haurindo do tesouro inesgotável de arquétipos do inconsciente, está incessantemente criando novos símbolos.

Às vezes também se costuma usar o termo "parábola", ou "símile", para essa tradução de ideias arquetípicas num evento simbólico – o Evangelho fornece os mais esplêndidos exemplos disso. Mas a psicologia junguiana prefere dar o nome "símbolo" a essas sequências, bem como a imagens arquetípicas individuais, fechadas em si mesmas. As transições fluidas, a dificuldade muitas vezes intransponível de traduzir o visto e o vivido para uma linguagem conceitual, bem como o constante desenvolvimento e aprofundamento dos conhecimentos de Jung, são a razão para que não seja fácil reconhecer claramente em suas obras as correlações e diferenças entre arquétipo e o símbolo apontadas aqui. Trata-se de apreender e comunicar linguisticamente fatos que, por sua própria natureza, tendem a se esquivar a essa tarefa. Nunca é demais sublinhar isto.

---

6. Para mais detalhes, cf. KERÉNYI, K. *Labyrinth-Studien* – Albae vigiliae. Amsterdã, 1943.

O que é um símbolo?

A palavra símbolo (*symbolon*), derivada do verbo grego "*symballo*", desde muito passou por diversas definições e interpretações. Mas todas concordam no fato de que o símbolo designa algo com um sentido objetivo, visível, por trás do qual ainda se oculta um sentido invisível e mais profundo. "Os símbolos são símiles do eterno em modos de manifestação do transitório; ambos são 'jogados juntos' neles, fundidos numa unidade de significado", diz Doering[7]. Bachofen diz algo semelhante:

> O símbolo desperta insinuações, a linguagem só pode explicar [...]. O símbolo estende suas raízes até as profundezas secretas da psique, a linguagem roça como uma brisa suave a superfície do entendimento [...]. Apenas o símbolo consegue ligar o que há de mais diferente a uma impressão total unificada [...]. Palavras tornam o infinito finito, símbolos transportam o espírito para além dos limites do finito, do devir, para o reino do mundo do ser infinito. Eles despertam pressentimentos, são sinais do inexprimível, são inesgotáveis como este [...][8].

E, igualmente, Creutzer: o símbolo

> pode até mesmo tornar o divino, de certo modo, visível [...]. Com força irresistível, ele atrai a pessoa observadora para si [...] e, necessariamente, como o próprio espírito do mundo, captura nossa alma. Nele se agita uma fonte exuberante de ideias vi-

---

7. DOERING, O. *Christliche Symbole*. Friburgo i. Br., 1933, p. 1.

8. BACHOFEN, J.J. "Versuch über die Gräbersymbolik der Alten". *Mutterrecht und Urreligion*. Leipzig, 1927, p. 60s.

vas; e o que a razão, unida ao entendimento, busca em sucessivas inferências, ele o obtém aqui, na aliança com o sentido, totalmente e de uma só vez [...]. A essas elevadas expressões da capacidade formativa damos o nome de símbolos [...] a este gênero são peculiares [...] o instantâneo, o total, a inescrutabilidade de sua origem, o necessário. Essa única palavra denota a manifestação do divino e a transfiguração da imagem terrestre [...][9].

E Goethe fala de modo especialmente belo a respeito: "O simbolismo transforma o fenômeno em ideia, a ideia em uma imagem, e de modo que a ideia permanece infinitamente eficaz e inatingível na imagem e, mesmo que expressa em todas as línguas, permaneceria inexprimível"[10].

O símbolo adquiriu, como conceito, acesso permanente no mundo linguístico teológico-cristão, designando determinados conteúdos dogmáticos e eventos religiosos[11]. Além disso, praticamente não há uma área do espírito, seja mitologia, filosofia, arte, tecnologia, medicina ou psicologia, em que a palavra "símbolo" não tenha encontrado emprego, tornando-se hoje quase um chavão. No entanto, ainda não há atualmente um trabalho abrangente em que poderíamos, com proveito, buscar sua essência e sentido, e muito menos um em que

---

9. CREUTZER, F. *Symbolik und Mythologie der alten Völker.* Vol. I. Leipzig/Darmstadt, 1819, p. 63/64.

10. GOETHE. *Maximen und Reflexionen.* Vol. II. Tempel-Ausgabe, p. 463.

11. "Há, segundo a linguagem corrente, dois tipos de símbolos na igreja, as alusões pictóricas de qualquer pensamento religioso, e aqueles que fixam numa fórmula canônica os pensamentos dogmáticos normativos", as chamadas confissões eclesiásticas, como, p. ex., a confissão batismal (KATTENBUSCH, F. *Realenzyklopädie für prot. Theologie und Kirche.* 3. ed. Leipzig, 1907, artigo "Symbol", p. 127).

Complexo, arquétipo e símbolo

poderíamos investigar seu profundo significado psicológico. Nesse sentido, os estudos de Jung também são um trabalho pioneiro[12]. Eles mostram de modo impressionante a primazia que cabe ao símbolo na psique humana e também na história da cultura como um todo.

Símbolo e signo

Jung também distingue estritamente entre *alegoria, signo* e *símbolo*. Eis algumas de suas definições:

> Toda concepção que explica a expressão simbólica como uma analogia ou designação abreviada de algo conhecido é *semiótica*. Uma concepção que explica a expressão simbólica como a melhor formulação possível de algo relativamente desconhecido, não podendo, por isso mesmo, ser representada mais clara ou caracteristicamente, é *simbólica*. Uma concepção que explica a expressão simbólica como paráfrase ou transformação

---

12. Das grandes obras mais antigas, vale mencionar: a obra em seis volumes de F. Creutzer: *Symbolik und Mythologie* (1819). • SCHUBERT, G.H: *Symbolik des Traumes* (1840). • O livro ainda fascinante de C.G. Carus: *Symbolik der menschlichen Gestalt* (1853). • J.J. Bachofen: *Versuch über die Gräbersymbolik der Alten* (1859). • O livro fundamental de M. Schlesinger: *Geschichte des Symbols* (1912; suplemento em 1930). • E. Cassirer: *Philosophie der symbolischen Formen*, em dois volumes (1923-1931). Dentre os autores mais recentes: H. Silberer, porque com seu livro *Probleme der Mystik und ihrer Symbolik* (1916) lança uma espécie de ponte às concepções de Jung. • J. Piaget: *La formation du symbole chez l'enfant* (1945), um estudo aprofundado e impressionante da formação do símbolo na criança pequena. • O livro de E. Fromm: *The Forgotten Language* (1951), uma tentativa pouco original, neofreudiana, de apreender a linguagem do sonho; e, em contraposição a esta, a obra extremamente bem-escrita de W.M. Urban: *Language and Reality: the Philosophy and the Principles of Symbolism* (1939), que já emprega uma série de descobertas formulações junguianas.

proposital de algo conhecido é *alegórica*[13] [14] [15]. – Uma expressão usada para designar coisa conhecida continua sendo apenas um signo e nunca será símbolo. É totalmente impossível, pois, criar um símbolo vivo, isto é, cheio de significado, a partir de relações conhecidas[16].

Signos e símbolos pertencem, no fundo, a dois níveis diferentes da realidade. Cassirer diz apropriadamente[17]: "Um signo é uma parte do mundo físico do *ser*; um símbolo é uma parte do mundo humano do *significado*", e opina que o homem poderia ser definido como *"animal symbolicum"* em vez de *"animal rationale"*.

Até hoje prevalece alguma confusão no uso dos termos símbolo, alegoria e signo. Cada autor os emprega segundo seus pontos de vista subjetivos, amiúde divergentes dos de outros. Na maior parte dos escritos sobre o símbolo, este é

---

13. JUNG. *Psychologische Typen*, p. 642.

14. A definição no *Lexicon* de Meyer (Vol. I. Leipzig, 1907, p. 371), afirma: "Enquanto o símbolo é um substituto sugestivo de um misterioso edifício de ideias, uma imagem para um conteúdo psíquico amplo e vago, a alegoria consiste na animação de um conceito claramente reconhecido ou na ocultação, por meio de imagem, de um conteúdo apreensível pelo entendimento e claramente delimitável (como a representação da justiça por uma figura feminina segurando uma espada e uma balança)". E no *Philosophisches Wörterbuch*, de Heinrich Schmidt (Leipzig: Kröner, 1934): "Símbolo, signo de algo que 'significa' uma coisa diferente do que ela representa e da qual algo pode ser reconhecido ou inferido".

15. Em *Symbolik und Mythologie der alten Völker* (Vol. I, 1819, p. 70) de F. Creutzer podemos ler: "A diferença entre representação simbólica e alegórica é que esta representa apenas um conceito geral, ou uma ideia que é diferente da representação; aquela é a própria ideia encarnada, tornada perceptível pelos sentidos".

16. JUNG. *Psychologische Typen*, p. 643.

17. CASSIRER, E. *An Essay on Man*. New Haven, 1944, p. 32 [Grifo meu].

entendido principalmente como "signo", como uma espécie de abstração, uma designação escolhida livremente, que é ligada ao objeto designado por convenção social, isto é, pelo *consensum gentium*, como, por exemplo, os signos verbais ou matemáticos. No esforço constante para trazer ordem à confusão, foram feitos os mais variados tipos de subdivisões. J. Piaget, por exemplo, difere entre "símbolos conscientes" (como ele chama, p. ex., desenhos simbólicos com os quais se pode enganar a censura) e "símbolos inconscientes" (cujo conteúdo não é conhecido para o sujeito que o usa, como, p. ex., no sonho), mas todo símbolo pode ser designado, sob um aspecto, como "consciente" e, sob outro, como "inconsciente", pois toda ideia, até mesmo a mais racional, contém em si elementos inconscientes, e todo processo psíquico se move numa transição ininterrupta do inconsciente para o consciente, e vice-versa.

Dos três tipos de símbolos que E. Fromm distingue em seu livro, a saber, a) convencionais, b) acidentais e c) universais, apenas os últimos podem ser considerados símbolos no sentido junguiano. Pois nestes não há uma "substituição" ou uma "tradução" de um conteúdo para outro modo de expressão; eles não representam algo diferente deles, mas exprimem eles próprios seu sentido, eles, por assim dizer, representam seu sentido. "Os signos simbólicos que encontramos na língua, no mito, na arte não são primeiramente, para então ganhar, para além desse ser, certo significado; todo seu ser provém de seu significado", diz Cassirer[18]. Quanto mais universal a camada da psique da qual provém tal símbolo, mais

---

18. CASSIRER, E. *Philosophie der symbolischen Formen*. Vol. I. Berlim, 1923, p. 42.

intensamente o próprio mundo se expressa nela. Tomemos, por exemplo, o fogo, a água, a terra ou a madeira, o sal etc.: toda experiência da humanidade que já se conectou a materialidade palpável deles será expressa por ela – quando esta é empregada como símbolo de uma qualidade da realidade psíquica imaterial – em inimitável simplicidade e, ao mesmo tempo, com uma plenitude de sentido única. A casa como símbolo da personalidade humana, o sangue como símbolo de vida e paixão, animais de todos os tipos como símbolos de diferentes instintos e seu estágio de desenvolvimento no ser humano, e assim por diante. Sim, talvez o próprio homem seja, como diz Jung[19], a "concretização temporal da imagem primordial eterna, pelo menos em sua estrutura espiritual que é gravada no *continuum* biológico". E se a Teoria dos Signos pela qual tudo o que é interno pode ser reconhecido no externo foi chamada de "Teoria da Assinatura"[20], isso se deveu a um erro, porque o que ela se referia era a verdadeiros símbolos.

"Se algo é um símbolo ou não depende, antes de tudo, da atitude da consciência de quem observa"[21]. Ou seja, depende de saber se uma pessoa tem a possibilidade e a capacidade de ver determinado fato, por exemplo, uma árvore, não só em sua manifestação concreta como tal, mas também como expressão, como imagem sensível de algo desconhecido. Portanto, é perfeitamente possível que o mesmo fato ou objeto represente para uma pessoa um símbolo, e para outra apenas um signo.

---

19. JUNG. *Symbolik des Geistes*, p. 442s.

20. A ideia de "assinatura" também servia de base para a doutrina de Paracelso e de outros filósofos naturais dos séculos XVI e XVII, segundo a qual o igual é curado pelo igual, na medida em que a forma, a cor etc., p. ex., de uma planta *mostram* contra qual doença ela deve ser aplicada.

21. JUNG. *Psychologische Typen*, p. 644.

Complexo, arquétipo e símbolo

Diz Jung:

> Há, sem dúvida, produtos cujo caráter simbólico não depende meramente da atitude da consciência observadora, mas se revela espontaneamente num efeito simbólico sobre o espectador. Trata-se de produtos que são configurados de tal modo que seriam privados de qualquer sentido se um significado simbólico não lhes correspondesse. Um triângulo com um olho em seu interior é, como pura realidade, tão sem sentido que é impossível que o observador o conceba como mera brincadeira aleatória. Tal configuração impõe imediatamente uma visão simbólica[22][23].

No entanto, muita coisa também depende do tipo de observador; porque há pessoas que se apegam sempre ao concretamente presente, aos fatos, enquanto outras sempre colocam ênfase sobre o significado oculto das coisas e a abordam com uma "atitude simbólica".

Mesmo no cristianismo, cuja vida espiritual está entrelaçada com uma riqueza de imagens e representações pictóricas, o símbolo é considerado signo sensível de uma realidade suprassensível, mas – como diz A. Weis – ele "nunca é mais do que um mero signo, que apenas representa ou transmite a realidade transcendente justamente de modo sensível e alusivo, mas não a contém, circunscreve ou substitui"[24]. Dessa perspectiva, cada símbolo representa algo irreal, e assim a Igreja, especialmente a católica, sempre tomou bastante cuidado para

---

22. Ibid., p. 644s.

23. Os chamados "símbolos unificadores" ou os símbolos do si-mesmo geralmente pertencem a esta categoria.

24. WEIS, A. *Christliche Symbolik*, p. 3 [conferência não publicada de 1952].

garantir que nenhuma interpretação simbólica obliterasse o fato da realidade da transcendência. Mas, ao lado da realidade da fé, que pertence ao plano metafísico, existe a realidade simbólica, que corresponde ao nível psicológico da experiência; e o que é apenas um signo para alguém representa para outra pessoa um símbolo, como Jung assinalou em vários estudos profundos[25]. Ele diz:

> O conhecimento dos fundamentos arquetípicos universais me animou a considerar o *quod semper, quod ubique, quod ab omnibus creditum est* como *fato psicológico* que se estende muito além do quadro da confissão de fé cristã, e tratá-lo simplesmente como *objeto das ciências físicas e naturais*, como um *fenômeno* puro e simples, qualquer que seja o significado "metafísico" que lhe tenha sido atribuído[26].

> O símbolo não é uma alegoria nem um signo, mas a imagem de um conteúdo em sua maior parte transcendental ao consciente. É necessário descobrir que tais conteúdos são reais, são agentes, com os quais um entendimento não só é possível, mas necessário[27].

> [...] Embora *se acredite em símbolos* natural e originalmente, também é possível entendê-los, o que é o único caminho viável para todos aqueles que não têm o carisma da fé[28].

---

25. Cf. Tb. JUNG. "Versuch zu einer psychologischen Deutung des Trinitätsdogmas". *Symbolik des Geistes*, p. 323ss. • "Das Wandlungssymbol in der Messe". *Von den Wurzeln des Bewusstseins*, V, p. 219-350.

26. JUNG. *Symbolik des Geistes*, p. 444.

27. JUNG. *Symbole der Wandlung*, p. 129.

28. Ibid., p. 390

Sem dúvida, os símbolos podem se "degenerar" em signos, assim como os signos, sob certas circunstâncias, dependendo do contexto em que se encontram, ou dependendo da atitude das pessoas que os encontram, podem ser entendidos como símbolos.

"Enquanto um símbolo for vivo, ele é a expressão de uma coisa que não poderia ser caracterizada de melhor forma", diz Jung.

> E só é vivo enquanto cheio de significado. Mas, uma vez brotado o sentido dele, isto é, encontrada aquela expressão que formula a coisa procurada, esperada ou pressentida melhor do que o símbolo até então empregado, o símbolo está morto [...][29] e se torna um signo convencional [...]. É totalmente impossível, pois, criar um símbolo vivo, isto é, cheio de significado, a partir de relações conhecidas. Pois o que assim foi criado não conterá nada mais do que nele foi colocado[30].

Jung ofereceu um exemplo particularmente impressionante das várias formas de significado do símbolo em seu estudo sobre a "Árvore filosófica"[31].

A cruz, a roda, a estrela etc. podem, por exemplo, ser usadas para designar selos, bandeiras etc. e, portanto, representam signos, ou seja, indicam algo; em outro caso, dependendo do contexto em que se encontram e o que eles significam para o indivíduo, eles podem representar um símbolo. Portanto, a cruz para certa pessoa pode ser apenas um signo exterior do cristianismo, ao mesmo tempo em que evoca toda a plenitude

---

29. JUNG. *Psychologische Typen*, p. 643.
30. Ibid.
31. JUNG. *Von den Wurzeln des Bewusstseins*, VI, p. 353-496.

da Paixão para outra. No primeiro caso, Jung falaria de um "símbolo extinto" e no segundo, de um "símbolo vivo" e diria: para um crente, por exemplo, a hóstia na missa pode significar símbolo vivo, enquanto já perdeu o significado para outro. "Reflexões sobre o caráter simbólico de uma crença formulada provaram ser em muitas religiões históricas os primeiros e mais decisivos sinais de sua decomposição"[32]. Quanto mais convencional é o espírito de uma pessoa, quanto mais tem uma compreensão literal, tanto mais ela será separada do símbolo e menos capaz de experienciar seu significado; inevitavelmente, ela permanecerá presa ao signo e aumentará ainda mais a confusão a respeito da definição do símbolo.

Para lançar alguma luz nas confusas mudanças de interpretação desses conceitos, é interessante mencionar a definição dada a eles por Goethe em sua Teoria das Cores, totalmente diferente da de Jung. Ele diz:

> O uso (da cor) que coincidisse totalmente com a natureza poderia ser chamado simbólico, pois a cor seria empregada em conformidade com seu efeito e exprimiria imediatamente seu significado[33].

> [...] Uma aplicação muito próxima da anterior poderia ser chamada de alegórica. Há nela algo mais circunstancial e arbitrária, ou melhor, convencional, na medida em que o sentido do signo nos deve ser transmitido antes que saibamos o que deve significar, como, por exemplo, em relação ao verde, ao qual se atribui a esperança[34].

---

32. WEIS, A. *Christliche Symbolik*, p. 6.

33. GOETHE. *Schriften über die Natur* – Farbenlehre, § 916. Leipzig: Körner, [s.d.], p. 327.

34. Ibid., § 917.

Segundo a concepção de Jung, estas duas formas seriam designadas como "alegóricas" ou "semióticas". Por outro lado, o que Goethe chama de "significado místico" da cor é "simbólico" para Jung.

> Pois visto que todo esquema em que a variedade de cores pode ser representada aponta essas relações primordiais que pertencem *tanto à concepção humana quanto à natureza*, então não há dúvida de que poderíamos usar suas conexões como se fossem uma linguagem, em casos em que desejamos exprimir relações primordiais que não se apresentam ao sentido de maneira tão poderosa e variegada[35].

A passagem acima descreve com excelência o caráter nunca totalmente solucionável e ricamente sugestivo do símbolo que vemos na concepção junguiana. Goethe assim continua:

> Assim que compreendemos devidamente as direções divergentes do amarelo e do azul, mas especialmente sua intensificação no vermelho, graças à qual os opostos tendem um ao outro e se unem num terceiro, então certamente aparecerá a especial e misteriosa intuição de que podemos atribuir a estes dois seres opostos um significado espiritual, e é improvável que, ao vê-las produzindo para baixo o verde e para cima o vermelho, não pensemos, quanto ao primeiro caso, nas criações terrestres e, quanto ao segundo, nas criações celestiais de Elohim[36].

Isso nos deixa novamente espantados pela força visionária capaz de contemplar e expressar tão profundamente

---

35. Ibid., § 918 [Grifo meu].

36. Ibid., § 919.

como símbolo do celestial aquele princípio de totalidade oculto na divergência e na união do par de cores contrastantes. Antecipadamente, Goethe até mesmo sabia que era melhor "não nos expormos à suspeita de entusiasmo excessivo, tanto mais porque, se nossa teoria das cores encontrar acolhida favorável, certamente não carecerá de aplicações e interpretações alegóricas, simbólicas e místicas, de acordo com o espírito da época"[37].

A capacidade ou incapacidade, já enraizada na estrutura ou constituição espiritual dos diferentes indivíduos, de encontrar um acesso ao símbolo é uma das causas por que o método de Jung de decifrar e interpretar sonhos com vistas a seu valor simbólico é tão difícil para muitas pessoas. Pois muitíssimos indivíduos separados da linguagem figurativa de sua psique, justamente os altamente civilizados, os intelectuais, não são mais capazes de compreender algo diferente da fachada exterior, do aspecto semiótico de um símbolo[38]. Eles têm um medo secreto do que, em última análise, é inexplicável e adere ao símbolo vivo, autêntico e torna impossível sua plena compreensão racional. O caráter "indicativo" do símbolo nunca lhe pode fazer justiça, porque seu significado etimológico *symballo*, jogar junto, já postula um conteúdo múltiplo e díspar. Como unificador de opostos, o símbolo é uma totalidade que nunca pode falar apenas a uma capacidade humana, por exemplo, sua razão, seu intelecto, mas sempre concerne à nossa totalidade,

---

37. Ibid., § 920.

38. E. Fromm relata que, sob hipnose, pessoas que não tinham nenhuma ideia da interpretação de sonhos foram capazes de compreender e interpretar facilmente o simbolismo dos seus sonhos, mas, após despertarem, não sabiam mais o que fazer com eles e declaravam, na maioria das vezes, que o sonho era puro disparate (*The Forgotten Language*. Nova York, 1951, p. 19).

Complexo, arquétipo e símbolo 107

toca todas as nossas quatro funções ao mesmo tempo e as faz ressoar. Enquanto "imagem", o símbolo tem um caráter evocatório e excita toda a natureza do homem para uma reação global; seus pensamentos e sentimentos, seus sentidos e sua intuição participam dela e, como muitos pensam erroneamente, não é apenas uma de suas funções que é atualizada nisto[39].

O símbolo em Freud e Jung

A divergência entre as visões de Freud e Jung a respeito do símbolo pode ser facilmente explicada com base em suas teorias completamente diferentes sobre o inconsciente. No inconsciente pessoal, a que se limita Freud, não há arquétipos, pois seus conteúdos derivam exclusivamente da história de vida do indivíduo. Por conseguinte, esses conteúdos – quando emergem da repressão – podem, na melhor das hipóteses, enquanto signo, "figuras-biombo", estar no lugar de algo que já atravessou a consciência. Em contraste, os conteúdos do inconsciente coletivo, os arquétipos – quando passam do plano psicoide para o psíquico – devem ser considerados símbolos verdadeiros, porque provêm da história de vida do universo e não da de um único indivíduo, razão pela qual eles também *precisam exceder* a capacidade de apreensão da consciência, embora se tornem perceptíveis numa "roupa" adquirida pela assimilação de material representacional, uma roupa cuja origem se encontra incontestavelmente no mundo fenomênico exterior. Jung diz:

---

39. P. ex., quando Kant, em sua *Crítica do juízo*, fala de "um uso incorreto da palavra símbolo, que subverte seu sentido", ele pretender situar o símbolo apenas numa "subclasse" da intuição, compreendendo-o de modo muito unilateral.

> Aqueles conteúdos conscientes que nos dão uma chave para o substrato inconsciente são chamados por Freud incorretamente de *símbolos*, mas não são símbolos verdadeiros, uma vez que, de acordo com sua teoria, têm eles meramente o papel de *signos* ou *sintomas* dos processos subliminares e, de modo algum, o de símbolo, que deve ser entendido como uma expressão de uma intuição que não pode ser formulada de outra forma, ou de uma melhor forma. Quando, por exemplo, Platão expressa, na sua parábola da caverna, todo o problema da teoria do conhecimento, ou, quando Jesus expressa, em suas parábolas, o conceito do reino de Deus, essas são, pois, símbolos verdadeiros, isto é, tentativas de traduzir uma coisa para a qual ainda não existe uma noção verbal[40].

Em contrapartida, a roda alada do ferroviário, por exemplo, não deveria ser concebida como símbolo, mas como signo, que assinala sua filiação à empresa ferroviária.

Apesar da "condensação" e "sobredeterminação" que lhes são inerentes, os "símbolos" freudianos são sempre causalmente explicáveis e, nesse sentido, unívocos e unipolares. O símbolo como Jung o entende é, porém, um fator psíquico que não pode ser dissolvido ou apreendido em termos de causalidade, nem determinado antecipadamente. É um fator sempre ambíguo e bipolar. O que havíamos constatado sobre as concepções do complexo de Jung e Freud aplica-se à questão do símbolo.

Aqui se torna evidente a diferença entre a compreensão e interpretação personalista-concretista e simbólico-arquetípica dos símbolos, o que constitui a separação fundamental entre

---

40. JUNG. *Seelenprobleme*, p. 49s.

Freud e Jung. Tomemos por exemplo a tão discutida concepção freudiana do problema do incesto. Jung não nega a existência de casos de desejo de relações sexuais com a mãe (ou o pai) durante a infância e que tal desejo, em casos excepcionais, se baseou em experiências concretas e acarretou todas as consequências psíquicas descritas por Freud e sua escola. Mas ele está convencido de que esta compreensão dos desejos da criança apenas no plano concreto, realista, é, na maioria dos casos, falsa, e deve, portanto, levar a conclusões falsas. Para Jung, os desejos incestuosos da criança, como os análogos do adulto, devem ser entendidos, antes de tudo, simbolicamente como uma expressão do anseio humano universal e sempre recorrente de retorno ao estado original paradisíaco da inconsciência, de segurança livre de responsabilidade e decisão, para o qual o útero é o símbolo insuperável. Essa tendência de regressão, no entanto, não tem apenas um aspecto negativo, mas também um bastante positivo, a saber, a possibilidade de superar o vínculo pessoal com a mãe real e de transferir a energia psíquica armazenada em tal vínculo para um conteúdo arquetípico. A libido regredindo desse modo perde cada vez mais, nesse nível, seu caráter sexual, e exprime a problemática do incesto em grandes metáforas genéricas, que, tocando o solo do maternal, apontam ao mesmo tempo o caminho para a libertação de seu aspecto sedutor-devorador, ou seja, para um "renascimento". Por mais que o tabu ligado desde sempre ao incesto – com algumas exceções importantes, como entre os hotentotes, como prova de que a mãe foi superada ou que o homem não é mais o filho da mãe – ateste sua poderosa força de atração, que só pode ser contornada com proibições rigorosas, não se pode negar que a mesma coisa que seria pecaminosa no nível biológico pode, no simbólico, provar ser um evento significativo, e muitas vezes até mesmo necessário.

A existência sucede em vários níveis, no material e no espiritual, no biológico e no psicológico etc., que se exprimem mutuamente em analogias. Acima de tudo, o ser e o acontecer psíquico-espirituais, imateriais podem ser ilustrados em imagens e símbolos retirados do mundo sensorial perceptível. Por exemplo, certas características psíquicas podem ser simbolizadas por animais e seu comportamento, por objetos, por fenômenos naturais, por todos os tipos de objetos, os quais também, por sua vez, encontram seus correspondentes em propriedades psíquicas, como, por exemplo: o nascer do sol é representado pelo despertar da consciência, a noite por uma disposição sombria, o touro por um comportamento destemido no espaço psíquico. Em última análise, tudo na criação pode se tornar símbolo dos traços, propriedades e características do ser humano, bem como o ser humano representa correspondências com o cosmos; e é nisso que se baseia a velha doutrina do micro/macrocosmo que continua a ter validade no âmbito do material inconsciente.

Como se sabe, o conteúdo de fantasia do instinto pode ser interpretado redutivamente, isto é, semioticamente como sua autoexpressão, ou simbolicamente como o sentido espiritual do instinto natural responsável. No primeiro caso, o processo instintivo é concebido como "autêntico", no segundo, como "inautêntico". A fantasia do incesto é uma regressão da libido normal aos primeiros estágios infantis por medo de uma tarefa aparentemente impossível na vida? Ou a fantasia do incesto é apenas simbólica, uma reativação do arquétipo do incesto, que desempenha um papel tão importante na história das ideias[41].

---

41. JUNG. *Die Psychologie der Übertragung*. Zurique, 1946, p. 17-24.

Não nos esqueçamos também que o incesto é, de fato, geralmente um tabu como união de parentes mais próximos, mas representa uma prerrogativa régia (p. ex., os casamentos dos faraós), motivo pelo qual ele, nesse sentido, simboliza para Jung a união do eu com o inconsciente próprio (justamente, consanguíneo), com o "outro lado".

Desprender-se do âmbito carnal, do concretamente real, e poder transpô-lo para o plano simbolicamente real, que, como resultado de sua dupla qualidade, possui e exprime ambas as realidades, não é apenas uma capacidade distintamente humana, mas também aponta o caminho para a solução e cura de distúrbios psíquicos cruciais.

Ou consideremos como exemplo outra questão, hoje particularmente premente, a homossexualidade. Se tomada não concretamente, mas simbolicamente, pode-se reconhecer nela o anseio pela união com um ser do mesmo sexo, isto é, com o lado psíquico de si mesmo reprimido, um lado que foi muito pouco vivido, ou absolutamente não foi vivido. Pois apenas fortalecido por esse "acréscimo" do mesmo sexo, o indivíduo se sentirá seguro o suficiente em seu sexo para se aproximar do sexo oposto. Por conseguinte, seu desejo de uma relação homossexual é justificado, mas, por um mal-entendido, é buscado no nível biológico-sexual, em vez de psicológico-simbólico. Ou seja, este desejo é projetado sobre outra pessoa e parece e é vivido como instinto homossexual, o que provoca uma má compreensão de seu sentido mais profundo. Assim, ele nunca pode chegar a uma realização genuína e não pode nunca, como a compreensão simbólica o permite, conduzir a um processamento e resolução internos do conflito[42]. "Há

---

42. Cf. tb. JUNG. *Symbole der Wandlung* (Zurique, 1952), onde ele dá um exemplo ricamente documentado da possibilidade da concepção simbólica dos conteúdos do inconsciente.

processos que não têm sentido especial algum, sendo meras consequências ou sintomas, e outros que trazem em si um sentido oculto e que não derivam simplesmente de algo mas querem vir a ser alguma coisa e, por isso, são símbolos"[43]. Quando compreendemos que algo é causalmente condicionado, é melhor falarmos de sintoma e não símbolo. Portanto, como Jung observou corretamente,

Freud estava certo ao *falar*,

> segundo sua concepção, *de ações sintomáticas* e não simbólicas[44], pois estes fenômenos não são para ele simbólicos, no sentido aqui dado, mas signos sintomáticos de um processo básico bem determinado e conhecido em geral. Há evidentemente neuróticos que veem seus produtos inconscientes, que são em primeira linha e, sobretudo, sintomas de doenças, como símbolos altamente significativos. Mas, em geral, este não é o caso. Ao contrário, o neurótico de hoje está muito propenso a considerar também o muito significativo como "sintoma" apenas[45].

Mas se os produtos psíquicos com conteúdo simbólico que ocorrem nos neuróticos devem ser vistos como signos em vez de sintomas, ou classificados como símbolos é algo que – de acordo com Jung – só pode ser decidido no caso individual[46]. A explicação vai variar de acordo com o tipo de

---

43. JUNG. *Psychologische Typen*, p. 647.

44. FREUD. *Zur Psychopathologie des Alltagslebens – Ges. Werke*, vol. 4, 1904.

45. JUNG. *Psychologische Typen*, p. 647.

46. Um exemplo muito interessante de que foi dito pode ser encontrado no livro *Memórias de minha doença nervosa* (1903), do presidente do Senado no Tribunal Regional de Dresden, D.P. Schreber, que, no curso de sua

Complexo, arquétipo e símbolo

caso, do estágio do tratamento e do poder de compreensão ou maturidade de julgamento do paciente.

O símbolo como mediador

Os animais têm sinais e signos, mas nenhum símbolo. Em comparação com o animal, o homem não só vive numa realidade mais ampla, mas também numa nova dimensão da realidade, ou seja, uma que dá significado. Além do mundo da realidade física ele tem ainda, o da realidade simbólica, ao qual ele também deve dar expressão caso queira se alçar acima da pura instintividade animal em direção do ser criativo do plano humano-divino. Portanto, toda a criação e cada uma de suas ínfimas partes podem se tonar um símbolo, revelar em imagem o significado que lhes é inerente. A psique como nível de espelhamento e expressão do mundo exterior e interior cria e transmite os símbolos de uma alma a outra. *"Habentibus symbolum facilis est transitus"*, como Jung costumava citar de um velho tratado alquímico, referindo-se à "transição" entre todos os opostos na psique ou entre inconsciência e consciência, escuridão e claridade, prisão e liberdade etc.[47]

---

doença, pôde elaborar todo um sistema de seus delírios em que ele se sentia sexualmente perseguido por diferentes pessoas do hospício e tinha medo de ser transformado em mulher. Com esse sistema, suas projeções em pessoas concretas foram convertidas em formas simbólicas da relação (p. ex., o tema "ser usado como mulher" foi transformado num noivado com Deus Pai; as representações de medo em *spermata* divinos, ou seja, inspirações) e recebera, assim, um significado simbólico, que era habitável e não mais incutia medo, o que, supostamente, também contribuiu para a cura espontânea.

47. Cf. *Naturerklärung und Psyche* [*Studien aus dem C.G. Jung-Institut*, vol. IV].

O que Jung quer dizer com "bipolaridade" do símbolo baseia-se, por um lado, no já mencionado aspecto duplo do arquétipo, que aponta para frente e para trás, desacoplado do tempo e espaço – aqui, proporcionalmente à distância da consciência, as categorias de espaço e tempo se tornam cada vez mais relativas, até se dissolverem inteiramente na completa inconsciência e o acontecer se desvincule do tempo e espaço, com vigência apenas da lei da sincronicidade – e, por outro lado, na sua condição de *unificador dos pares de opostos*, em primeiro lugar, da consciência e do inconsciente e, consequentemente, de todas as qualidades opostas que aderem a eles. A raiz grega da palavra, que, em si, já indica "algo entrelaçado, condensado e, portanto, uma 'característica', uma 'insígnia' de um ser vivo"[48] dá uma ideia disso; mas a expressão alemã para símbolo, *Sinnbild*, fornece uma noção mais adequada. Sua composição já revela as duas esferas que se juntaram formando um todo: o sentido (*Sinn*) como parte integrante da consciência cognoscente e formativa, e a imagem (*Bild*) como conteúdo, matéria-prima do útero criativo do inconsciente coletivo, que precisamente pela conexão com o primeiro componente recebe significado e forma. Não é difícil constatar uma ligação de elementos masculinos (forma) e femininos (matéria-prima) – pois, de fato, trata-se de uma *coincidentia oppositorum* –, razão pela qual o costume dos alquimistas de chamar o símbolo de *conjunctio*, de "casamento", é bastante vívido e perspicaz. Mas isso se aplica apenas se o "casamento" for visto como um casamento perfeito, cujos dois componentes se fundiram numa unidade e totalidade inseparável, e realmente se tornaram um verdadeiro "her-

---

48. SCHMITT, P. *Archetypisches*, p. 110.

mafrodita"[49]. Essa é uma concepção que teve sua exatidão confirmada em temas de fantasias e sonhos, bem como em imagens e ilustrações de todos os tipos, como ocorrem entre os místicos, alquimistas e também muitos pintores, ou podem ser trazidas à tona desde o inconsciente e retidas durante o trabalho analítico.

Uma discórdia neste "casamento" tem, assim como na vida cotidiana, as suas consequências amargas. Pois, à medida que um "parceiro" ganha superioridade e o outro se subordina, o símbolo se torna primordialmente produto apenas de um lado e também, portanto, mais *sintoma do que símbolo*, mais precisamente "sintoma de uma antítese reprimida"[50]. E quando há uma total desunião, isso pode ser sintomático da dissociação entre consciência e inconsciente. Neste momento, podemos dizer que o símbolo está morto ("extinto"). As duas "metades do casamento" se separaram em inimizade e se retiraram para seu domínio unilateral. A matéria-prima da imagem, o conteúdo do inconsciente, não tem o poder formativo da consciência, um poder que secou, porque a fonte nutritiva daquela matéria-prima já não flui. Traduzindo para a realidade psicológica de um indivíduo, isso significa ou que não ressoa mais nada do fator inexprimível, misterioso e sugestivo das profundezas inconscientes do símbolo e que, portanto, seu "sentido" pode ser completamente conhecido e entendido, o que o torna um conteúdo meramente intelectual, um mero "signo"; ou significa que o símbolo, cortado da força da consciência capaz de propiciar significado, degenera como

---

49. Por isso, o objetivo final do processo de individuação, a totalidade psíquica, é representado pelo símbolo do *filius philosophorum* hermafrodita (cf. JUNG, *Psychologie und Alchemie*, p. 163, fig. 54. Cf. tb. JUNG. *Die Psychologie der Übertragung*. Zurique, 1946).

50. JUNG. *Psychologische Typen*, p. 648.

sintoma psicótico. Por isso, um símbolo só é vivo enquanto é "prenhe de significado", isto é, quando os opostos de "forma" e "matéria-prima da imagem" (tese e antítese) estão unidos neles constituindo uma totalidade (síntese), e sua relação com o inconsciente permanece eficaz e cheia de significado. Por isso, quando falamos de "morte", neste contexto estamos nos referindo apenas ao aspecto perceptível, representado do arquétipo ou ao símbolo; seu eterno "cerne de significado", sua essência *per se*, permanece intocado pelos acontecimentos. Ele se desprende, por assim dizer, do espaço da psique, retira-se e mantém sua "presença eterna" no âmbito psicoide, até que uma nova constelação o chama para uma nova vida, em nova vestimenta, ou melhor, o chama para uma nova manifestação, e ele restabelece o contato com a consciência.

Ouçamos o que Jung diz:

> Um símbolo que impõe sua natureza simbólica não precisa ser um símbolo vivo. Ele pode atuar, por exemplo, apenas na compreensão histórica ou filosófica [...]. Um símbolo é vivo só quando a expressão melhor e mais plena possível do pressentido, mas não ainda conhecido nem mesmo para o observador [...][51].

> Na medida em que toda teoria científica encerra uma hipótese, sendo, portanto, uma descrição antecipatória de um fato ainda essencialmente desconhecido, ela é um símbolo[52].

O símbolo é, portanto, uma espécie de mediador entre a incompatibilidade de consciente e inconsciente, entre o ocul-

---

51. Ibid., p. 645s.
52. Ibid., p. 643s.

Complexo, arquétipo e símbolo

to e o manifesto[53]. "Não é nem abstrato nem concreto, nem racional nem irracional, nem real nem irreal: é sempre ambos"[54]. Ele pertence ao "reino intermediário da realidade sutil", que apenas ele pode expressar adequadamente. "A riqueza de sugestão e de significado do símbolo fala tanto ao pensamento como ao sentimento, e sua peculiar plasticidade, quando configurada em forma sensível, estimula tanto a sensação quanto a intuição"[55]. Ele, portanto, numa totalidade abrangente, exorta todas as quatro funções da consciência à reação.

Essa qualidade mediadora do símbolo, uma qualidade lançadora de pontes, pode ser vista como um dos recursos mais brilhantes e significativos da economia psíquica. Pois ela constitui o único contrapeso realmente natural e salutar frente à dissociabilidade intrínseca da psique e à constante ameaça contra sua estrutura unitária, um contrapeso capaz de combater esse perigo com alguma chance de sucesso.

Pois o símbolo une os opostos e, com isso, os transcende, para, em seguida, novamente deixar que eles se separem, de modo que nenhuma rigidez, nenhuma estagnação se instale. Assim, ele mantém a vida psíquica em fluxo constante e a faz avançar em direção de seu objetivo a que está destinada. Tensão e relaxamento – como expressão do vivo movimento do processo psíquico – podem se seguir em ritmo constante. Jung diz:

> O que ocorre entre a luz e a escuridão, o que une os opostos tem parte em ambos os lados e pode

---

53. "Nem todo signo é um [...] 'mediador', mas apenas aquele em que um 'gesto primordial' é visível", diz H. Kükelhaus (*Urzahl und Gebärde*. Berlim, 1934, p. 58), totalmente no sentido de Jung.

54. JUNG. *Psychologie und Alchemie*. 2. ed., p. 387.

55. JUNG. *Psychologische Typen*, p. 648s.

ser julgado tanto a partir da esquerda como a partir da direita, sem que isso nos esclareça: só abrimos a oposição novamente. Somente o símbolo poderá ajudar aqui, o qual, por sua natureza paradoxal, representa o *tertium* que, segundo a lógica, não existe, porém é a verdade viva na realidade[56].

Nesse sentido, todo símbolo autêntico está "além do bem e do mal", isto é, ele contém em si ambos os significados como possibilidades; e qual das duas opções ele mantém para o indivíduo é algo que depende apenas de seu estado de consciência e da maneira como o símbolo é processado.

Essa capacidade simbolizante da psique, isto é, sua habilidade de unir pares de opostos como síntese no símbolo, é chamada por Jung de *função transcendental*. Com isso, ele não se refere a uma função básica (como as funções da consciência de pensar, sentir etc.), mas a uma função complexa, composta por vários fatores; e com "transcendente", ele não pretende designar uma qualidade metafísica, mas o fato de que essa função cria uma transição de uma atitude para outra[57].

O símbolo como transformador de energia

"Com o nascimento do símbolo cessa a regressão da libido ao inconsciente. A regressão se transforma em progressão, o represamento se converte em torrente. Quebra-se, então, a

---

56. JUNG. *Paracelsica.* Zurique, 1942, p. 134s.

57. Um belo símbolo da função transcendente é o caduceu, a varinha mágica do deus grego Hermes com suas duas serpentes entrelaçadas. Dizia-se que, com esta vara, Hermes, o mediador entre o mundo superior e o inferior, adormecia as pessoas e lhes enviava sonhos (*Kleines Lexicon der Antike.* Berna, 1950).

Complexo, arquétipo e símbolo

força atrativa do fundamento primitivo"[58]. Por isso, Jung também chama o símbolo de transformador psíquico de energia e enfatiza que ele tem um caráter eminentemente "de cura", capaz de restaurar a inteireza, bem como a saúde. Aqui se nota novamente uma diferença fundamental entre os pontos de vista de Freud e Jung. Para Freud, a "conversão da libido", a sublimação, é "unipolar"; pois nela o material inconsciente reprimido é sempre transposto para uma "forma criadora de cultura". Em Jung, no entanto, a transformação da libido pode ser designada como "bipolar", porque ela é sempre a resultante da contínua separação e união de dois elementos opostos, o que também se exprime como a síntese da tese e da antítese (ou seja, do material consciente e inconsciente).

Em sua dupla capacidade de, enquanto vívida expressão da carga de energia acumulada de um "cerne de significado" do inconsciente coletivo psicoide, produzir um alívio da tensão, e, pelo seu significado, alcançar uma nova impressão sobre os eventos psíquicos e, assim, provocar nova concentração de energia, o símbolo pode avançar de síntese em síntese e transformar a libido[59] incessantemente, redistribuí-la e conduzi-la a atividades significativas. Nesse sentido, Jung diz que as palavras de Jesus a Nicodemos[60] poderiam ser entendidas como uma ordem: "Não penses carnalmente, ou serás carne, mas pensa simbolicamente, então serás espírito"[61].

Que alívio é quando a carnalidade exposta na linguagem grosseiramente naturalista do sonho pode ser entendida

---

58. JUNG. *Psychologische Typen*, p. 349.

59. Para Jung, ao contrário de Freud, a libido não designa apenas a energia sexual, mas toda a energia psíquica.

60. Jo 3,3-7.

61. JUNG. *Symbole der Wandlung*, p. 381s.

simbolicamente! Não porque isso permite ao sonhador uma evasão, por exemplo, de seu problema sexual, como a maioria poderia supor, mas porque muitas vezes só tal compreensão é capaz de revelar o verdadeiro significado do sonho.

Por exemplo, na interpretação de Freud[62], o homenzinho que aparece para a jovem em um sonho e imediatamente provoca a associação com *"Rumpelstiltskin"* representa o falo; uma interpretação junguiana verá nele o símbolo de um duende espiritual, um cabiros, ou seja, uma figura arquetípica, cuja "ajuda" tentadora traz ruína para as mulheres, ameaça o que lhes é mais caro, mas as liberta de seu poder e, assim, as conduz à salvação, justamente pelo fato de que esta figura pode ser reconhecida, isto é, nomeada. Ambas as formas de interpretação podem estar certas *ao mesmo tempo*, mas cada uma abre ao sonhador uma área totalmente diferente de sua realidade interior. Ou suponhamos a cobra. Se é interpretada "carnalmente", ela é também apenas um signo fálico; no entanto, de acordo com Jung, ela é um símbolo da libido, pelo qual a energia, a força, o dinamismo, o instinto etc., de fato, todo o processo de mudança psíquica pode se exprimir. Todo beijo é uma "mágica de fertilidade" física, bem como psíquica; toda caverna um útero feminino e também o local de um mistério etc. Os exemplos poderiam ser multiplicados *ad infinitum*.

Esse tipo de compreensão exige uma interpretação dos sonhos diferente do princípio personalista, concretista. Com efeito, o método junguiano de interpretar sonhos no "nível subjetivo" abriu novos aspectos para a compreensão dessas criações noturnas, pois ele concebe suas figuras e motivos

---

62. Cf. FREUD. *Märchenstoffe in Träumen. Gesammelte Werke.* vol. X. Londres, 1949, p. 2.

Complexo, arquétipo e símbolo

como imagens de fatores e condições intrapsíquicos do indivíduo que sonha, possibilitando a retirada de projeções e a resolução dos problemas no espaço de sua própria psique. Jung diz:

> Chamo interpretação no nível do objeto toda interpretação em que as expressões do sonho são consideradas idênticas a objetos reais. Do lado oposto está a interpretação que relaciona cada elemento do sonho, por exemplo, todos os atores nele, com o próprio sonhador. Esse método se chama interpretação no nível do sujeito. A interpretação no nível do objeto é analítica, pois decompõe o conteúdo do sonho em complexos de reminiscências que se referem a situações externas. A interpretação ao nível do sujeito é *sintética*, pois desliga das circunstâncias externas os complexos de reminiscências subjacentes e os interpreta como tendências ou partes do sujeito, incorporando-os novamente ao sujeito[63].

Ou seja, a interpretação no nível do sujeito vê e trata o sonho como "drama intrapsíquico". Essa concepção de Jung representa uma oposição fundamental ao método freudiano, que interpreta os sonhos exclusivamente no "nível do objeto". Ela é a pedra angular de sua doutrina e permite a compreensão simbólica dos conteúdos do inconsciente, como ele tentou mostrar, pela primeira vez, em 1912, em seu livro sobre as "Transformações e símbolos da libido"[64], o que, em seguida, acarretou sua ruptura com Freud.

---

63. JUNG. *Über die Psychologie des Unbewussten*, p. 152s.
64. Agora: *Symbole der Wandlung*.

Evidentemente, Jung não interpreta todo sonho no nível subjetivo, mas decide caso a caso qual "nível" é apropriado[65]. A interpretação no nível subjetivo irá prestar um serviço valioso justamente onde se trata de reviver ou despertar forças criativas da psique, pois o encontro e a confrontação do eu com os símbolos de seu inconsciente são extraordinariamente aptos a eliminar os bloqueios e estagnações da energia psíquica e transformá-la.

Esse processo, que Jung (tal como Freud) designa como "conversão da energia da forma biológica (indiferenciada) para a forma cultural (diferenciada)" tem "ocorrido desde o início da humanidade e ainda continua a atuar"[66]. Jung também acredita que o significado mais profundo de todos os mistérios e ritos de iniciação é de natureza simbólica e serve ao propósito (inconsciente, é claro) de "transformação" da libido. Do ponto de vista energético, podemos ver os processos psíquicos como conflitos entre instinto cego e liberdade de escolha ou também como equilíbrio enérgico entre instinto e espírito.

Símbolos individuais e coletivos

Nem tudo o que é um arquétipo, ou de alguma forma arquetípico, presta-se de igual modo à formação de símbolos. Além dos muitos símbolos veneráveis que o espírito humano

---

65. Quando o sonho trata de pessoas que mantêm uma relação vital com o sonhador, ele é sempre interpretado no nível do objeto e também, conforme o caso, no nível do sujeito, se o sonho revela um sentido satisfatório; caso contrário, o nível do sujeito é usado regularmente. A rigor, Jung chama de analítica apenas a interpretação no nível do objeto, em contraposição à do nível do sujeito, que ele chama de sintética e construtiva.

66. JUNG. *Über psychische Energetik*, p. 108.

Complexo, arquétipo e símbolo 123

formou ao longo de milhares de anos, há também aqueles que resultam de uma capacidade de toda psique individual de formar símbolos, mas que baseiam formas arquetípicas fundamentais e universalmente humanas e que, dependendo de sua expressividade e riqueza de conteúdo, foram adotadas pela humanidade como um todo ou apenas por grupos mais ou menos amplos. "O símbolo vivo formula uma peça inconsciente essencial e quanto mais difundida ela for tanto mais geral é o efeito do símbolo, pois toca em cada um a corda afim"[67].

Muitos desses símbolos individuais permanecem como bem privado de um indivíduo ou alguns indivíduos. Eles ajudam a explicar o inefável, a lançar pontes do que é obscuramente pressentido para o que pode ser satisfatoriamente apreendido, aliviando assim o isolamento do indivíduo. Mas apenas quando o padrão arquetípico universal brilha por trás do símbolo individual e é aceito e adotado como vinculante por *consenso gentium*, isto é, quando se torna um "símbolo coletivo", como o são os inúmeros e bem conhecidos símbolos de mitologias e religiões, só então ele pode exercer plenamente seu efeito liberador e redentor. Um símbolo individual, entendido como paralelo de um símbolo geral[68], isto é, que remonta ao "padrão primordial" comum a ambos, permite tanto a preservação da forma de expressão única da psique individual quanto sua fusão com a figura simbólica coletiva do ser humano em geral.

Se um símbolo emerge da escuridão da psique, ele sempre tem certo caráter de iluminação; de fato, muitas vezes ele

---

67. JUNG. *Psychologische Typen*, p. 646.
68. Cf. JUNG. "Das Wandlungssymbol in der Messe". *Von den Wurzeln des Bewusstseins*, V, p. 219ss.

pode estar carregado com toda a numinosidade do arquétipo que se tornou visível nele e agir como um *fascinosum*, que ameaça dilacerar o indivíduo tomado por ele, caso sua integração em um símbolo coletivo não tenha sucesso. Como pareceu terrível e ameaçador ao Santo Nicolau de Flüe, a "face" percebida numa visão que ele acreditava ser a de Deus, e quantas semanas de dolorosa luta ele precisou para poder convertê-la num símbolo coletivo, a saber, na visão da Trindade coletivamente aceita e assim entendê-la! Todo símbolo passa, com o tempo, por um tipo de desenvolvimento de significado, e, nisso, todas as variações e estágios de desenvolvimento e desdobramento também exibirão, ao mesmo tempo, traços básicos imutáveis.

Os símbolos não são inventados conscientemente, mas surgem espontaneamente. Não são um assunto racional ou uma questão de vontade, mas têm a ver com "um processo de desenvolvimento psicológico, que se expressa em símbolos"[69]. Isso pode ser observado de modo particularmente impressionante nos "símbolos religiosos". Eles não são meticulosamente pensados, mas são "produtos espontâneos" da atividade psíquica inconsciente, eles cresceram gradualmente ao longo dos milênios, têm um "caráter revelatório"[70]. Por isso, Jung diz:

> A experiência mostra que as religiões não são, de maneira nenhuma, construções conscientes, mas provêm da vida natural da psique inconsciente para a qual, de algum modo, dão adequada expressão. Isso explica suas distribuições universais e sua enorme influência sobre a humanidade ao longo da história. Tal influência seria incompreensível

---

69. JUNG. *Das Geheimnis der Goldenen Blüte*. 4. ed. Zurique, 1948, p. 30.
70. JUNG. *Wirklichkeit der Seele*, p. 220s.

Complexo, arquétipo e símbolo 125

se os símbolos religiosos não fossem, ao menos, verdades da natureza psicológica.

Todas as religiões são sistemas psicoterapêuticos no sentido mais verdadeiro da palavra. Elas exprimem o âmbito do problema psíquico em imagens impressionantes. São o credo e o reconhecimento da alma[71].

Se vemos o inconsciente coletivo metaforicamente como "alma universal" da história humana, então esse "processo de desenvolvimento" pode ser procurado, em seus aspectos, tanto universalmente humano quanto individualmente humano e identificado em múltiplas séries simbólicas de "padrões primordiais" paralelos (porque se baseiam no mesmo padrão arquetípico). Por isso, para Jung todo símbolo, num tratamento analítico, deve ser posto no seu contexto de significado coletivo e individual, e entendido e interpretado a partir dele (tanto quanto possível).

As formações de símbolos individual e coletiva – pois todo grupo humano, seja família, povo, nação etc., pode produzir os símbolos que lhe são importantes a partir do inconsciente de seu espaço psíquico comum – trilham caminhos separados, mas, em última análise, se fundam, numa camada mais profunda, sobre um mesmo "padrão básico" ou arquétipo[72]. Os pontos de contato, por exemplo, entre símbolos religiosos individuais de muitos místicos e os símbolos oficiais das várias

---

71. JUNG. *Zur gegenwärtigen Lage der Psychotherapie* – Zentralbl. f. Psychotherapie u. ihre Grenzgebiete. Vol. VII, cad. 2, 1934, p. 15.

72. Cf., p. ex., o simbolismo da "transformação" na missa católica, na natureza, nos mitologemas e sonhos dos indivíduos modernos, que apresenta uma similaridade notável em seu "padrão básico".

religiões podem ser remetidos a ele. O perigo que isso representa para as religiões e as medidas tomadas para protegê-las (como, p. ex., excomunhão etc.) adquirem neste contexto um sentido mais amplo.

> Por isso, "no fundo", a psique é simplesmente "mundo" [...]. Quanto mais arcaico e mais profundo, isto é, mais fisiológico o símbolo, tanto mais ele é coletivo e universal, mais material. Quanto mais abstrato, diferenciado e específico, mais se aproxima da natureza da unicidade e singularidade consciente e tanto mais se desfaz de sua essência universal. Em plena consciência, ele corre o risco de se tornar mera alegoria, que em parte alguma ultrapassa os limites da compreensão consciente, ficando também exposta a todas as tentativas possíveis de explicação racionalista[73].

O "arquétipo do maternal", por exemplo, está grávido de todos os aspectos e variações em que o "materno" pode aparecer num símbolo, seja este a caverna acolhedora, o ventre da baleia, o seio da Igreja, a fada boa ou a bruxa má, a ancestral ou a *Magna Mater*, ou até mesmo (no nível da vida individual) a própria mãe biológica. Assim também, o "pai" é inicialmente uma *imagem* divina oniabrangente[74], a essência de tudo o que é "paternal", um princípio dinâmico que vive como um podero-

---

73. JUNG. *Zur Psychologie des Kind-Archetypus*, p. 134.

74. A fim de evitar futuros mal-entendidos a respeito, deve-se enfatizar expressamente que essa constatação refere-se *apenas* à "*imagem*" de Deus, como esta aparece na psique, e não pretende dizer nada sobre sua essência, como T. Bovet em seu livro *Die Ganzheit der Person in der ärztlichen Praxis* (Zurique, 1939, p. 116) expressou tão bem com as palavras: "A ciência nunca pode encontrar Deus; seu sistema conceitual está adaptado apenas às sombras que sua luz lança".

so arquétipo na psique da criança[75]. Assim, o mesmo "padrão básico" arquetípico é "sobreposto" por incontáveis símbolos, por assim dizer, em camadas; mas eles perdem seu caráter simbólico quanto mais a camada de que são originários está próxima do mundo objetivo e concreto que conhecemos. No inconsciente pessoal, eles aparecem sob a forma de "figuras--biombo", ou seja, signos, para, por fim, no nível "supremo", individual, se tornarem a cópia exata do conteúdo real e conscientemente intencionado[76]. Goethe já dissera algo com sentido semelhante: "Esse é o verdadeiro simbolismo, quando o particular representa o mais geral, não como sonho e sombras, mas como revelação viva, instantânea do insondável"[77].

O exemplo mais impressionante de símbolos coletivos é dado pelas mitologias dos povos. Os contos e fábulas, cujos motivos básicos se encontram na maioria dos povos, pertencem a uma mesma categoria relacionada. Eles são, dependendo do caso, mais originais e ingênuos ou até mesmo elaborados de forma mais artística e consciente do que os mitologemas. Jung diz que os dogmas e símbolos religiosos são correspondências empiricamente demonstráveis dos arquétipos do inconsciente coletivo e, vistos psicologicamente, se baseiam neles[78].

---

75. JUNG. *Seelenprobleme*, p. 187.

76. Cf. JUNG. *Von den Wurzeln des Bewusstseins*, vol. VI., p. 378: "A forma psicoide subjacente a uma ideia arquetípica mantém seu caráter em todos os estágios, embora empiricamente seja capaz de infinitas variações. Se a forma exterior da árvore já muda em vários aspectos ao longo do tempo, a riqueza e a vida de um símbolo se expressa ainda mais na mudança de seu significado" (cf. p. 68s. deste livro).

77. GOETHE, J.W. *Maximen und Reflexionen*. Stuttgart, 1947, n. 1.002, p. 169.

78. JUNG. *Psychologie und Alchemie*, p. 33.

Embora todo o nosso mundo de representações religiosas consista em imagens antropomórficas, que, como tais, não poderiam resistir a uma crítica racional, não se pode esquecer que eles são baseados em *arquétipos numinosos*, ou seja, numa base emocional que prova ser inacessível à razão crítica. Trata-se aqui de fatos psíquicos que podemos apenas ignorar, mas não eliminar por meio de provas[79].

É mérito de Jung ter apontado, em seus estudos, os dogmas cristãos como "verdades básicas da Igreja, que dão notícia da natureza da experiência psíquica interna de uma maneira quase inconcebivelmente perfeita". Toda teoria científica é necessariamente abstrata e racional, "enquanto o dogma exprime uma totalidade irracional por meio de sua imagem"[80]; ele é algo que cresceu na alma e não algo intelectualmente elaborado, como muitos céticos pensam. Ele "contém um conhecimento dificilmente superável sobre os segredos da alma, um conhecimento representado em grandiosas imagens simbólicas"[81], e isso explica seu efeito vivo muitas vezes surpreendente no ânimo de tantas pessoas.

No entanto, a mitologia, como cópia viva da formação do mundo, é o modo de manifestação, a "vestimenta primordial" dos arquétipos no processo em que se tornam símbolos. Visto que suas formas básicas são comuns a todos os povos e épocas e todas as pessoas, não é de estranhar que suas manifestações muitas vezes mostrem paralelismos surpreendentes

---

79. JUNG. *Antwort auf Hiob*. Zurique, 1952, p. 8.
80. JUNG. *Psychologie und Religion*, p. 84.
81. JUNG. *Die Psychologie der Übertragung*, p. 48.

Complexo, arquétipo e símbolo

espalhados por todo o mundo, e que se revelem na uniformidade dos temas míticos, bem como em seu eterno ressurgimento independente, autóctone. As grandes mitologias tradicionais com seus mitologemas exibem uma íntima interação e um primordial parentesco com os arquétipos que se condensam na psique individual como "mitologia individual" e seus símbolos. Quem poderia dizer quando eles se encontraram pela primeira vez? Pois as imagens divinas das grandes mitologias são nada mais do que fatores intrapsíquicos projetados, nada além de forças arquetípicas com caráter de personalidade, em que o ser universal-humano se eleva ao plano grandioso-típico e se concretiza em seus aspectos parciais. Um dos mais profundos conhecedores dessas relações, K. Kerényi, que já dedicou diversas obras ao problema, diz com bastante propriedade:

> A configuração na mitologia é imagética. Flui uma torrente de imagens mitológicas [...]. Vários desdobramentos do mesmo motivo básico também são possíveis lado a lado ou em sucessão, de modo semelhante às diferentes variações do mesmo tema musical [...]. Pois, embora o que flui permaneça ele próprio sempre pictórico, a comparação com a música é aplicável como comparação com algo que se tornou objeto que fala por si próprio, ao qual não fazemos justiça por meio de interpretação e explicação, mas principalmente ao deixá-la por conta própria e permitir que ele mesmo exprima seu significado[82].

Arquétipos, mitologias e música são todos urdidos da mesma matéria, do material primordial arquetípico do mundo

---

82. KERÉNYI, K. *Einführung in das Wesen der Mythologie*. Amsterdã, 1942, p. 11s.

vivo, e também toda visão futura do mundo e do homem irá emanar dessa "matriz de experiência".

O eu entre a consciência coletiva e o inconsciente coletivo

Para uma orientação precisa dentro do mundo dos arquétipos, temos de separar e distinguir rigorosamente os arquétipos do inconsciente coletivo, que, do espaço intrapsíquico, atuam sobre o eu e o influenciam no sentido de um comportamento humano específico (tanto no nível biológico-instintivo como pictórico-intelectual) e os arquétipos da *consciência coletiva* como representantes dos padrões, costumes e visões típicos presentes num dado entorno. Enquanto os primeiros, carregados mágica e numinosamente, conferem forma plena de significado ao dinamismo do fundamento instintivo do ser humano e representam a manifestação espontânea de sua autêntica natureza essencial, os últimos são, por assim dizer, derivados opacos dos primeiros, mas que, ao se aglomerarem numa imensa soma de opiniões médias e se tornarem "regras de trânsito" psíquicas, podem subitamente dar origem a potentes "-ismos". Eles, então, subjugam o homem na mesma medida em que ele se afasta e se aliena de seu fundamento instintivo. Todos os "-ismos" têm, ao mesmo tempo, uma base arquetípica, pois é típico da espécie humana opor as forças da consciência coletiva às forças do inconsciente coletivo. Os conteúdos da consciência coletiva, em sua maioria, não são, nem devem ser, símbolos. Ao contrário, espera-se que eles sejam puros conceitos racionais; mas na medida em que eles têm sua história, também são baseados em fundamentos arquetípicos, razão pela qual eles inevitavelmente contêm um núcleo simbólico. Assim, por exemplo, um Estado absoluto

Complexo, arquétipo e símbolo   131

consiste em indivíduos destituídos de direitos e um tirano absoluto ou uma oligarquia absoluta, o que recria e repete, num estágio modificado, uma ordem social altamente arcaica de natureza numinosa.

Entre os dois grandes âmbitos do inconsciente coletivo e da consciência coletiva se encontra o eu, que é ameaçado de ser tragado e dominado por ambos e, portanto, para se autopreservar, vê-se obrigado, se possível, a manter o meio-termo entre os dois. Jung diz:

> A consciência do eu parece depender de dois fatores: primeiramente, das condições da consciência coletiva, isto é, consciência social; e por outro lado, dos arquétipos, ou dominantes, do inconsciente coletivo. Estes últimos se dividem fenomenologicamente em duas categorias: uma esfera instintiva e outra arquetípica. A primeira representa os impulsos naturais; a última, aqueles dominantes que entram na consciência como ideias universais [...]. Entre a consciência coletiva e o inconsciente coletivo há um contraste quase intransponível em que o sujeito se encontra envolvido[83].

Ao ser absorvido pela consciência coletiva, o eu perde sua independência, tal como quando sucumbe ao inconsciente coletivo. O resultado, no primeiro caso, é o homem massa; no segundo, a pessoa individualista ou fantasista alheia ao mundo, ou também "impelida por suas pulsões".

Quando o conteúdo de um símbolo se esgota, ou seja, o mistério nele contido ou é inteiramente tornado acessível à consciência, ou seja, racionalizado ou então desaparece dela, isto é, mais uma vez sucumbe completamente ao inconsciente,

---

83. KERÉNYI, K. *Von den Wurzeln des Bewusstseins*, vol. VII, p. 583.

e o símbolo perde sua opacidade e numinosidade arquetípicas – tudo o que resta, então, é a casca do símbolo, que forma uma parte da consciência coletiva. Os conteúdos da consciência coletiva são, por assim dizer, conchas vazias de arquétipos, simulacros dos conteúdos do inconsciente coletivo, seu *reflexo formal.* Nessa sua propriedade, eles, é verdade, não agem com a numinosidade dos arquétipos, mas de *modo semelhante aos arquétipos,* pois seus assim chamados "ideais" são inicialmente numinosos – como os arquétipos –, mas com o passar do tempo são substituídos pela propaganda e pela pressão da opinião, que ocasionalmente também lançam mão de símbolos autênticos como aconteceu, por exemplo, na Alemanha nazista com a suástica. A começar pelo relativamente inofensivo "é assim que se faz", ou "não se faz isto", pelo professor pedante de todos os bons cidadãos, jovens ou velhos, indo até as inebriantes e demagógicas teorias de felicidade, que privam populações inteiras de seus pensamentos, poderíamos enumerar aqui uma infinita série de regras, costumes e leis, de sistemas e teorias que se destinam a agrilhoar as disposições naturais do ser humano desde o nascimento. Ao contrário do símbolo autêntico, que toma e toca todo o nosso ser, o sistema, a teoria, a doutrina, o programa etc. apenas confundem e enganam nosso entendimento, sem "iluminá-lo". E, assim, muitos intelectuais sucumbem aos *slogans,* aos -ismos, prescrições e proibições vindos de fora, enquanto permanecem com total incompreensão frente aos símbolos que afloram de seu íntimo, pois sua cabeça há muito tempo já perdeu qualquer relação com as outras partes do seu ser.

Muitas vezes, agimos e pensamos – quase automaticamente, instintivamente – com base em conceitos que adotamos do passado ou do nosso entorno, de acordo com modelos e padrões típicos. Falamos de acordo com o que sobreveio a nós, o que nos ensinaram e nos marcaram, com o que ouvimos e lemos, e achamos, pelo fato de tudo ter acontecido tão irrefletidamente, que tudo veio de nós mesmos, foi inventado, encontrado, pensado por nós, que se tornou nossa propriedade – porque podemos facilmente lidar com isso e manipulá-lo. Só quando a consciência coletiva e o inconsciente coletivo entram em conflito e fazem de nossa psique um campo de batalha, percebemos quão difícil é libertar a individualidade pessoal, o cerne da personalidade dos tentáculos dessas duas áreas. Pois o pressuposto dessa libertação é uma consciência individual ou um eu capaz de fazer distinções, que se tornou ciente de suas limitações e sabe que, para manter a integridade da psique, deve sempre estar ao mesmo tempo vinculado com as duas esferas, ou seja, a do inconsciente coletivo, bem como a da consciência coletiva, em viva interdependência, com consideração igual a ambas.

Os símbolos do processo de individuação

Dentre os símbolos individuais, devem ser especialmente salientados aqueles que caracterizam o assim chamado processo de individuação – observado por Jung e que pode ser promovido pelo trabalho analítico, natural e dado a todas as pessoas, um processo mais ou menos consciente de desenvolvimento psíquico visando à extensão do campo da consciência e ao amadurecimento da personalidade. Símbolos de variados matizes o acompanham e designam suas etapas como marcos miliários. Eles se baseiam em certos arquétipos, que ocorrem regularmente no material do inconsciente, por exemplo, em sonhos, visões, fantasias etc. e levam o indivíduo a confrontá-los. Sua "vestimenta" e o momento de sua aparição são sempre altamente característicos do estado específico de consciência do indivíduo; eles têm em relação a esse estado um peso especial e elevada eficácia. A "vestimenta", isto é, o modo de aparência pode retirar seu material de todos os lugares; e se o símbolo correspondente aparece, por exemplo, como figura positiva ou negativa, atraente ou repulsiva continua a ser, portanto, algo sempre individual e dependente das circunstâncias. Mas não importa que forma assuma, ele sempre possuirá a propriedade do *faszinosum*. Há, dentre os símbolos do caminho de individuação, alguns particularmente significativos que ocorrem em forma humana ou, por vezes, também em forma sub-humana ou super-humana e se deixam classificar numa série de tipos; "os principais são: a sombra, o velho, a criança (incluindo o menino herói), a mãe ("mãe primordial", "mãe terra") como personalidade superior e sua contraparte, a menina, em seguida a *anima* no homem e o *animus* na mulher [...]"[84], cada um representando uma diferente seção da psique; além disso, há os "símbolos unificadores", os símbolos do "centro psíquico", do si-mesmo. Como expressões pictóricas de supremo valor, eles são amiúde representados por figuras de deuses ou símbolos do indestrutível ou também são muitas vezes de tipo puramente abstrato, geométri-

---

84. JUNG & KERÉNYI. *Einfg. in d. Wesen d. Mythologie*, p. 218. Cf. as mais importantes obras de Jung em que ele fala de suas experiências e pensamentos a esse respeito, como: *Die Beziehungen zwischen dem Ich und dem Unbewussten* (para os conceitos de persona, *animus/anima*, "personalidades mana"). • *Symbolik des Geistes* (para o velho sábio). • *Das Geheimnis der Goldenen Blüte*, bem como Die Psychologie der Übertragung (para *animus/anima*). • *Aion* e *Mysterium Conjunctionis* (para o simbolismo do si-mesmo). • *Symbole der Wandlung* (para o simbolismo do caminho da individuação). • *Von den Wurzeln des Bewusstseins* (para o conceito do arquétipo no geral e no particular).

Complexo, arquétipo e símbolo 135

co, como os mandalas, que devem ser vistos como símbolos da estrita "ordem primordial da psique total"[85]. Contudo, não se pode efetuar uma estrita divisão de modo tão geral, porque a semelhança desses símbolos individuais com os puramente coletivos é, por vezes, tão espantosa que apenas um cuidadoso trabalho de teste e comparação poderá distingui-los.

O processo de individuação, quando conscientemente observado e acompanhado, representa uma confrontação dialética entre os conteúdos do inconsciente e os da consciência, em que os símbolos formam as pontes necessárias ao se alçarem acima das oposições muitas vezes aparentemente irreconciliáveis dos dois "lados" e conciliá-las. Assim como a semente, desde o início, possui a totalidade do ser como um objetivo oculto que é buscado por todos os meios, a psique do ser humano, quer ele não esteja ciente desse fato quer resista à sua realização, também se orienta por um pleno desenvolvimento, por sua "inteireza". O caminho de individuação – embora inicialmente apenas como um "traço" – está, portanto, profundamente inscrito no curso de vida do ser humano, e afastar-se dele está associado a um risco de transtornos psíquicos. Por isso, Jung diz:

> Os símbolos que afloram do inconsciente nos sonhos apontam uma confrontação de opostos, e as

---

85. Que o número tem um fundo arquetípico não é uma suposição que parte de mim, mas de certos matemáticos. Por isso não é absolutamente uma conclusão tão ousada definirmos o número como um *arquétipo da ordem* que se tornou consciente. Fato notável é que as imagens psíquicas da totalidade, produzidas espontaneamente pelo inconsciente, ou os símbolos do si-mesmo expressos em formas mandálicas, possuem estrutura matemática (JUNG. *Synchronizität*, p. 44). Isso, contudo, não significa de modo algum que o simbolismo do si-mesmo sempre tem forma de mandala. Tudo o que é criado, pequeno e grande, baixo e sublime, pode tornar-se símbolo do si-mesmo, de acordo com o estado de consciência do indivíduo.

imagens do objetivo representam sua bem-sucedida união. Um auxílio empiricamente demonstrável vem ao nosso encontro a partir de nossa natureza inconsciente. É tarefa da consciência compreender essas insinuações. Se isso não acontecer, o processo de individuação ainda continuará; apenas cairemos vítimas dele e seremos arrastados pelo destino para aquele objetivo inevitável que teríamos podido alcançar em posição ereta, se de tempos em tempos tivéssemos aplicado esforço e paciência para compreender os *numina* do caminho do destino[86].

A capacidade da psique de transformar símbolos

Além da *incessante atividade* da psique *na formação de símbolos*, que impulsiona seu fluxo de energia ou é impelida a ilustrá-lo, temos também de indicar sua capacidade de transformar símbolos. O número de arquétipos atuantes no homem coincide com o dos "pontos nodais" da psique inconsciente coletiva e, só por isso, já nos parece ser ilimitado[87]; mas devemos imaginar que o número dos símbolos que se baseiam neles é infinitamente maior, pois eles surgiram com a superveniência dos *diferentes* estados de consciência individuais e são absolutamente ilimitados em suas variações. O "significado específico de um símbolo surge apenas na vida individual (de um indivíduo ou um grupo), em que a experiência pessoal é capturada precisamente nessas formas (i. é,

---

86. JUNG. *Antwort auf Hiob*. Zurique, 1952, p. 154.
87. Cf. p. 35 e p. 71 deste livro.

os arquétipos)"[88]. Paralelamente à transformação de nossas compreensões e experiências, o significado de um símbolo também pode aparecer em luz sempre nova ou abrir-se para nós gradualmente, de modo que esse significado e até mesmo a forma do símbolo são colocados em contextos sempre novos e mudados em conformidade com isso.

O numinoso, o misterioso e irracional sempre nos foi "oferecido", mas "reconhecido" apenas por poucos. Se o número destes poucos encolhe mais e mais, isso se deve ao fato de que parece termos perdido os meios com os quais, é verdade, "oferecemos" o divino, mas não o "desvelamos". Cada época deu ao mistério sua própria vestimenta adequada; mas nossa era ainda não encontrou um envoltório apropriado para o numinoso. Ou ela expõe o segredo, ou o encobre até se tornar irreconhecível. A psicologia representa uma das muitas tentativas de encontrar novo "invólucro", a nova língua e a nova posição que possam ajudar as pessoas de tendência racionalista de hoje, apontando-lhes um caminho para apreender o irracional e incutindo nelas um entendimento dele. Desse modo, ela pode ajudá-las a saciar seu desejo do irracional, perdido principalmente nos caminhos tortuosos e desvios; e ela faz isso remetendo ao eterno mediador entre o que é e o que não é acessível à razão: o símbolo[89].

Todo mito deve se renovar, tal como o rei, nos contos de fadas, deve passar seu reino ao filho, tão logo esse tenha realizado as tarefas necessárias para sua obtenção, isto é,

---

88. JUNG. *Psychologischer Kommentar zum Tibetanischen Totenbuch.* 5. ed. Zurique, 1953, p. 16.

89. L. Szondi diz: "Temos três acessos ao inconsciente. Em outras palavras, o inconsciente fala três línguas: a do sintoma, a do símbolo e a da escolha" (*Ich-Analyse.* Berna/Stuttgart, 1956, p. 62).

tenha se tornado maduro para isso. Desse modo, em cada época, os mitos precisavam ser traduzidos para a linguagem psicológica predominante, para encontrar acesso às almas. Anteriormente, por exemplo, as pessoas diziam: herói, vida heroica, morte do dragão etc.; hoje dizemos: personalidade, processo de individuação, vitória sobre a mãe etc. E, assim como o mito sempre continha um segredo, nossa atual terminologia psicológica também não é meramente racional. Com demasiada frequência, ela se refere à vida interior protegida, e com igual frequência deve expressar o que ainda é apenas vagamente pressentido. Se queremos, portanto, reexperimentar e compreender corretamente o mito como uma incessante atividade das profundezas de nosso inconsciente, devemos primeiramente traduzi-lo para nossa linguagem, processo em que, amiúde, nos parecerá que perdemos seu cerne e seu verdadeiro sentido. Mas isso é um mal-entendido, pois, ao contrário, o que fizemos foi salvar a essência do mito e integrá-lo ao nosso mundo intelectual por meio dos conceitos de linguagem apropriados. No entanto, continuará a existir um resíduo de mistério; ele não pôde, nem jamais poderá ser traduzido em conceitos abstratos, em linguagem discursiva. A única expressão que lhe é adequada segue sendo a imagem, o símbolo. Assim, cada pessoa e cada época dão a seus símbolos uma nova roupagem, e aquela "verdade eterna" que o símbolo transmite é capaz de nos falar com um esplendor sempre rejuvenescido. A "transformação dos deuses" em nosso mundo interior e exterior é inesgotável e incessante. Portanto, pode-se dizer, com razão,

> que toda tentativa de explicação psicológica é, basicamente, a formação de novos mitos. Apenas estamos traduzindo um símbolo em um símbolo diferente, que, no entanto, se encaixa melhor em

Complexo, arquétipo e símbolo

nossa atual constelação de destino individual e na de toda a humanidade. Nossa ciência também é, de fato, uma linguagem de imagens. E, assim, criamos apenas um novo símbolo para o mesmo enigma que já era enigma em todos os tempos que nos precederam[90].

Resumo

As *conclusões* se inferem sem grande esforço do que foi dito até aqui.

"No fundo", no solo primordial psíquico, se encontram os arquétipos como "pontos nodais" e "núcleos de significado", energicamente carregados, da estrutura psíquica ramificada infinita e atemporalmente; os arquétipos formam o inconsciente coletivo, o fundamento universal humano de *toda* psique individual. Aqui devemos distinguir entre o arquétipo *per se*, imperceptível, existente apenas como condição estrutural e potencialidade, o arquétipo que pertence ao âmbito psicoide da psique, e aquele arquétipo que já se tornou perceptível, ou já foi "representado" para a consciência, devendo ser tratado, na maioria das vezes, como símbolo. Eles estão *presentes sem diferença no saudável e no doente* e são basicamente da mesma natureza em ambos. Como edifícios de estilo e tamanho diferentes podem ser construídos na mesma planta, a mesma forma básica arquetípica pode ser a base para as mais variadas estruturas. Dependendo do conteúdo com que um arquétipo é preenchido e da carga que esse conteúdo lhe fornece, pode-se determinar seu "valor posicional" no sistema de

---

90. JUNG. *Psychologische Typen*, p. 336.

referência de toda a psique. Isso também revelará o sentido, a importância e o papel que lhe cabem.

Uma tentativa de dividir o curso de sua atividade poderia resultar nos seguintes estágios:

1) O *arquétipo* se encontra em repouso, em sua condição estrutural no âmbito psicoide, no inconsciente coletivo como "elemento nuclear" invisível e como "potencial portador de significado".

2) Por meio de uma constelação adequada – que pode ser individual ou coletivamente condicionada – ele recebe um acréscimo de energia, sua carga é aumentada e sua eficácia energética tem início. A constelação individual resulta de um correspondente estado de consciência do indivíduo; a coletiva, de um correspondente estado de consciência de grupos humanos.

3) A carga do arquétipo manifesta-se numa espécie de atração magnética sobre a consciência, que inicialmente não é reconhecida por esta. Ela se faz notar primeiramente como uma atividade emocional indeterminada, que pode crescer até uma agitação tempestuosa da psique.

4) Atraída pela carga, a luz da consciência cai sobre o arquétipo: ele entra no espaço psíquico real, ele é percebido.

5) Quando o arquétipo *per se* é tocado pela consciência, ele pode se manifestar ou no nível biológico "inferior" e assumir forma, por exemplo, como "expressão do instinto" ou dinamismo instintivo, ou no nível intelectual "superior" como imagem ou ideia. Nesse último caso, a matéria-prima imagética e a significação se juntam a ele, e disso nasce o *símbolo*. O *"traje do símbolo"*, em que ele se torna visível, varia e se transforma de acordo com as circunstâncias externas e internas do homem e da época.

Do contato com a consciência de um coletivo e seus problemas, nascem os símbolos coletivos (como, p. ex., um mitologema); e do contato com uma consciência individual e seus problemas resultam os símbolos individuais (como, p. ex., a imagem de uma bruxa com os traços da mãe pessoal).

6) O símbolo se contrapõe à consciência com certa autonomia.

7) O símbolo "grávido de significado" força a consciência, em maior ou menor grau, a um confronto com ele. Isso pode ocorrer numa variedade de maneiras – por contemplação, representação, interpretação etc. de tipo geral e espontâneo, ou durante um trabalho psicoanalítico.

8) O símbolo pode:

a) Ser trazido para mais perto da consciência por meio da compreensão e ser, em certo grau, reconhecido e percebido como pertencente ao eu; no entanto, ele não está totalmente desenvolvido e, por conseguinte, permanece "vivo" e eficaz.

b) Passar por uma penetração e desenvolvimento completos, processo em que ele, é verdade, parece totalmente integrado pelo eu e assimilado pela consciência, mas perde sua "vida", sua eficácia, e se torna mera alegoria, um "signo" ou um conteúdo da consciência conceitualmente inequívoco.

c) Quando totalmente entendido, e como expressão de um complexo, por assim dizer, oculto atrás de si, contrapor-se hostilmente à consciência do eu como um oposto estranho, separar-se dela e causar uma dissociação na psique. Desse modo, ele se torna *uma parte autônoma da psique*, que pode manifestar-se sob a forma de "fantasmas", alucinações etc., isto é, em sintomas neuróticos e psicóticos de todos os tipos. Quando o *complexo* é considerado, em seu "elemento nuclear", como um "ponto nodal" dinâmico da estrutura psíquica coletiva inconsciente, ele é igualado, em sua essência e atividade, com o arquétipo. No entanto, quando seu "núcleo", durante a história da vida de um indivíduo, se vincula com associações emocionalmente acentuadas, "inflando" e tornando-se uma estrutura psíquica mais ou menos autônoma, ele representa um fator psíquico próprio, que, embora também possa aparecer numa forma nítida, por exemplo, como sintoma, deve ser devidamente distinguido do símbolo, bem como do arquétipo. A segunda definição do complexo fornecida aqui é a geralmente habitual, e a psicologia profunda usa o termo neste sentido.

Como o complexo é geralmente entendido como algo abstrato, enquanto o conceito de símbolo designa geralmente algo "pictórico", esse aspecto já mostra uma distinção clara na escolha de palavras. No entanto, as transições nem sempre são nitidamente perceptíveis. Por isso, muitas vezes se fala de complexos com caráter de símbolo, e de símbolos com caráter de complexo, conforme a nuança de sua peculiaridade.

Em princípio, complexo e símbolo, segundo Jung, coincidem em muitos aspectos, pois ambos se enraízam num núcleo de significado arquetípico e no inconsciente coletivo. Por isto, arquétipo, complexo e símbolo podem, com certa razão, ser usados como "conceitos" intercambiáveis em seu significado intrínseco – como fez Jung. Mas se quisermos fazer uma distinção mais sutil e mais diferenciada e estabelecer limites mais precisos, devemos proceder a uma distinção entre complexos do inconsciente coletivo, que realmente precisam ser

Complexo, arquétipo e símbolo

incluídos entre os arquétipos ou, em certos casos, também entre os símbolos, e complexos do inconsciente pessoal, em que um conjunto maior ou menor de símbolos do inconsciente coletivo se esconda por trás da manifestação individual e possa, então, emergir do "invólucro individual"[91]. A maioria dos complexos do inconsciente pessoal deve, no entanto, ser interpretada como *signo* ou *sintoma*.

A diferença entre os diversos tipos de efeito e significados de complexo e símbolo no saudável e no doente não resulta de seu conteúdo, mas do estado da consciência do eu que eles enfrentam, e da maneira como esta consciência lida com eles. O indivíduo saudável os vivencia e processa sem muita dificuldade; pode superá-los como "fatores perturbadores" do equilíbrio psíquico, resolver o conflito e torná-los úteis como "provocadores" de seu processo de desenvolvimento psíquico, como foi apresentado nos pontos 8 a) e b). No indivíduo doente, eles se tornam portadores de sintomas e imagens expressivas de seus conflitos e levam aos problemas e perigos descritos no item 8 c). Embora Jung, como é geralmente habitual, utilize o termo "complexo" principalmente em seu sentido médico, portanto, no sentido mencionado por último, um exame minucioso de toda sua teoria revela claramente que o complexo, para ele, não pode ser considerado em si mesmo um fator de perturbação real da saúde psíquica, mas apenas *numa determinada constelação*; e o mesmo se aplica ao conceito "símbolo", tão logo ele seja considerado no contexto de "doente" e "saudável".

Além do papel e da importância que o complexo e o símbolo têm no saudável e no doente, ainda é preciso indicar sua

---

91. Cf. a hipótese dos espíritos.

função num terceiro grupo de indivíduos: as pessoas criativas, os artistas. Para o artista, eles não representam um material com que ele lida pessoalmente, para explorá-lo criativamente para seu próprio desenvolvimento psíquico. Eles fornecem um ensejo e matéria de seu processo de criação artística e fazem dele um indicador de caminho, um autêntico porta-voz do que é indizível, mas sempre permanece vivo e eficaz nas almas de toda a humanidade.

Uma vista geral sobre a área que percorremos até aqui revela ao olho espantado um magnífico panorama das relações de sentido psíquicas e de sua "ordem" misteriosa e idiossincrática dentro de um âmbito de múltiplas atividades e entrelaçamentos. Símbolos e complexos vêm e vão; eternamente se desdobrando, se movendo e se transformando, eles imprimem sua marca na vida da psique, para mergulhar novamente no útero primordial do inconsciente e retornar à invisibilidade de suas formas arquetípicas de ser, até que o tempo para a sua aparição esteja maduro novamente. Ainda indivisos, eles abrigam em si salvação e destruição, bem e mal, saúde e doença e todas as possibilidades de oposição. Cabe à consciência, como princípio de ordem e compreensão no homem, ajudar este ou aquele, dos dois lados, tornar-se eficaz e juntar sua força doadora de sentido e forma ao domínio indiferente da natureza psíquica primordial, para que nem o instinto nem o intelecto, mas um espírito supervisor mantenha a balança da psique em equilíbrio. Esse é um trabalho que mais uma vez confirma a consciência – dessa vez por meio da psicologia junguiana – naquele primado e dignidade que lhe são destinados desde a criação. Porque "o fato de o ser humano possuir capacidade de consciência é o que faz dele ser humano"[92].

---

92. JUNG. *Von den Wurzeln des Bewusstseins*, vol. VII, p. 572.

Parte II
Arquétipo e sonho

Figura 2 Noite, sono, morte e sonho

A noite, vestida com o "manto de estrelas", segura nos braços os gêmeos morte (criança escura) e sono (criança clara). O sonho paira no ar, na mão esquerda uma vara de marfim como símbolo de sonhos falsos, na direita, um chifre como um símbolo dos sonhos bons, verdadeiros.
Xilogravura de V. Cartari. *Le Imagini de i Dei de gli Antichi*. Lyon, 1581.

O sonho é a pequena porta escondida
no mais profundo e secreto recesso da
alma, que se abre para aquela noite
cósmica primeva que era a psique
muito antes que houvesse qualquer
consciência do eu e que permanecerá
psique para muito além do que uma
consciência do eu jamais alcançará
[...]. Pois toda consciência separa; mas
nos sonhos entramos no homem mais
eterno, mais universal e verdadeiro,
que ainda se encontra na escuridão
da noite primordial, onde ele ainda
era o todo e o todo estava nele, na
natureza indiferenciada, despida de
toda euidade.
JUNG. *Wirklichkeit der Seele*, 49.

Introdução

Desde que a humanidade sabe a respeito de si mesma, os sonhos, esses mensageiros da metade noturna da vida, são os recipientes dos eventos intrapsíquicos, em que coisas passadas, presentes e futuras podem assumir forma numa abundância inimitável de imagens e significados. O reino dos sonhos é também, portanto, o lugar psicológico em que mais encontramos temas arquetípicos. Estes aparecem aí em imagens e símbolos, em processos e sequências de intensidade singular. Eles, com frequência, colocam a consciência num estado de comoção do qual ela não pode escapar, porque está entregue ao efeito numinoso das imagens arquetípicas.

A maioria dos sonhos em que ocorrem temas arquetípicos também encerra outros conteúdos, que se originam no inconsciente pessoal. São relativamente raros os sonhos de caráter puramente arquetípico. Eles aparecem sempre sob circunstâncias especiais e, mesmo independentemente da duradoura impressão subjetiva que deixam para trás, revelam sua significância por meio de uma configuração plástica, que, não raro, alcança pujança e beleza poéticas. Não à toa, foram chamados por certos povos primitivos de "grandes sonhos"[1], em contraste com os "pequenos sonhos", ligados aos problemas diários menos importantes. Eles ilustram conteúdos do inconsciente coletivo, da "psique objetiva" e de suas formas surprapessoais, que dão expressão a problemas e ideias universalmente humanos ou, em casos raros, cósmicos.

O arquétipo exerce seu efeito, mesmo que a consciência não o compreenda. Ele fala em imagens que são comuns a todas as pessoas e repousam no solo primordial criativo de toda psique. Pois neles, tudo o que é individual é apenas uma parábola e se torna, como no mito, imagem do universalmente válido, do eternamente humano. "As estruturas arquetípicas não são mais experiências pessoais, mas, de certo modo, ideias gerais, cujo principal significado consiste em seu sentido intrínseco e não em quaisquer relações de vivência pessoal"[2].

Amor e ódio, nascimento e morte, união e separação, mudança e sacrifício etc. aparecem na imagem arquetípica sob seu aspecto suprapessoal, universalmente humano, que transcende tudo o que é puramente individual e estende-se para além dos interesses do eu limitado.

---

1. Os povos primitivos interpretavam apenas os "grandes sonhos", porque estes diziam respeito não ao indivíduo, mas a toda a tribo.

2. JUNG. *Über psychische Energetik und das Wesen der Träume*, 1948, p. 247.

Complexo, arquétipo e símbolo   149

Jung diz: "Tais sonhos (arquetípicos) ocorrem geralmente em períodos decisivos da vida, portanto, na primeira juventude, na puberdade, na meia-idade (36 a 40 anos) e em *conspectu mortis*"[3]. Isto é, em situações que são válidas para todas as pessoas. Eles indicam que a psique do sonhador se encontra numa situação em que necessita o auxílio daquela voz não adulterada da natureza, que se exprime nas imagens arquetípicas. Assim, por exemplo, na virada da vida, a realidade da morte pode aparecer à pessoa mediante um sonho arquetípico e lhe mostrar inequivocamente que ela não pode mais excluí-la de sua consciência, sem causar danos à sua psique. Pois nos sonhos – a serviço da autorregulação da psique – qualquer desajuste, unilateralidade, extravagância, estagnação, desvio e desorientação da vida consciente são compensados, amiúde com precisão e sutileza sismográficas. Muitas vezes, o sonho representa, por assim dizer, uma tentativa engenhosa de comunicar à psique, por meio da linguagem de imagens, um *insight* que lhe é necessário justamente naquele momento e se destina à produção de um novo equilíbrio. Isso se aplica igualmente aos sonhos que se originam na esfera subjetiva e pessoal, ou seja, aos "pequenos" sonhos, e aos "grandes", que provêm do âmbito objetivo e coletivo da psique. Os primeiros compensam em relação a um melhor conhecimento e adaptação à vida cotidiana e ao ambiente; os segundos, em relação a uma visão maior e mais profunda diante de problemas típicos, suprapessoais, universalmente humanos, que transcendem o eu individual. Assim, por exemplo, o aparecimento de um símbolo de mandala num sonho pode, por seu aspecto de totalidade e ordem, exercer

3. Ibid.

um efeito compensatório, integrador sobre uma consciência caoticamente desorientada, e representar, por assim dizer, uma tentativa de restabelecer o equilíbrio[4]. Porque o mandala transmite, como Jung diz, "o pressentimento de um centro da personalidade, por assim dizer, um lugar central no interior da alma, com o qual tudo se relaciona e que ordena todas as coisas, representando ao mesmo tempo uma fonte de energia"[5].

A interpretação dos sonhos arquetípicos lida frequentemente com dificuldades consideráveis, porque as associações pessoais que o sonhador poderia fornecer para essa interpretação são, quase sempre, apenas escassas ou completamente ausentes. Ele fica abalado com suas imagens interiores, espantado e muitas vezes confuso, mas elas nada lhe dizem, ou dizem apenas coisas não essenciais. Com grande frequência, ele não entende sua linguagem, nem seu significado. O sonho, como um todo, lhe parece inacessível, e ele não tem êxito em relacioná-lo a si mesmo de alguma forma que faça sentido, nem mesmo se já está familiarizado com o modo de expressão do inconsciente. O componente afetivo do sonho, que toca tão intensamente a emoção do sonhador, bloqueia seu caminho para as associações. Pois o sonho se exprime em formas estranhas, muitas vezes também mitológicas; ele extrai do tesouro da psique estruturas e figuras incomuns, frequentemente carregadas de numinosidade. Para compreendê-las, é conveniente recorrer ao mundo das imagens coletivas, como estão contidas em lendas e contos de fadas, mitos e poesias

---

4. Cf. JUNG. "Zur Empirie des Individuationsprozesses" e "Über Mandalasymbolik". In: *Gestaltungen des Unbewussten*. Zurique, 1950.

5. JUNG. "Über Mandalasymbolik", p. 192.

Complexo, arquétipo e símbolo

ou nos símbolos culturais e religiosos da história humana; ao mundo imaginário, em que dragão e serpente, tesouro e caverna, árvores e flores, deuses e demônios têm suas casas e falam a nós em símbolos imperecíveis.

Para a interpretação de tais sonhos, Jung desenvolveu um processo próprio, o método de *amplificação*, pelo qual os elementos oníricos individuais são "enriquecidos" por imagens e símbolos análogos, de sentido semelhante, o que revelará as nuanças de seus possíveis significados, até que seu sentido resplandeça com clareza suficiente. A escolha das analogias aplicáveis é feita independentemente do tempo e da cultura de onde provêm, e sem levar em conta se elas representam criações individuais ou coletivas. O ponto de vista decisivo é que sejam asserções e criações da psique humana que tenham um significado comum ou similar. Cada elemento de sentido assegurado desse modo é reconectado com o próximo, até que cada um se encontre claramente definido na cadeia total dos temas do sonho e o evento do sonho possa, por fim, ser confirmado como uma unidade. Se o arquétipo imperceptível, o "padrão primordial" subjacente, se concretizar numa determinada imagem que "se apresenta" à consciência no sonho, então o método de amplificação, pela adução comparativa de imagens e símbolos arquetípicos análogos, isto é, baseados no mesmo "padrão primordial", poderá indicar aquele elemento em comum que autenticará o significado suposto, de sorte que um trabalho minucioso é o que melhor pode extrair o provável sentido do sonho[6]. Quando se trata de sonhos que

---

6. Cf. a ilustr. XIV, p. 150 em meu livro *Die Psychologie von C.G. Jung* (3. ed. Zurique, 1949), que apresenta esquematicamente os arquétipos do sonho, bem como suas conexões.

contêm apenas alguns temas arquetípicos ou nenhum, deve ser realizada, além da já mencionada "amplificação objetiva", uma "amplificação subjetiva", em que o sonhador tem de contribuir com suas próprias associações pessoais, retiradas de sua história de vida, para obtermos uma asserção sobre o significado do sonho de algum modo útil para ele.

Sem o conhecimento preciso da atitude consciente do sonhador e sem o contexto, por ele fornecido, de suas associações pessoais, um sonho que não revela material puramente arquetípico não pode ser desvendado de forma satisfatória. É preciso ainda sublinhar que qualquer interpretação é, inicialmente, apenas uma hipótese, sendo necessária uma série de outros critérios (p. ex., uma interpretação imediatamente esclarecedora e que abala o sonhador, um momento de revelação, a aprovação do sonhador à interpretação, sua verificação por sonhos subsequentes, que pode ser garantida, p. ex., pelo exame de uma série de sonhos etc.) antes que ela possa ser considerada válida e definitiva. Um sonho isolado costuma expressar geralmente apenas um aspecto parcial ou o atual problema da psique do sonhador, razão pela qual apenas uma série maior de sonhos confere segurança em relação à interpretação e tem a capacidade de corrigir eventuais erros de interpretação.

Portanto, alguma asserção do sonho que se refira a algo coletivo, atemporal, pode ser elucidada por "amplificação objetiva", mas será limitada à possibilidade de se obter dela esclarecimento e auxílio para os problemas da esfera da vida pessoal do sonhador. Os arquétipos em si não contêm um sentido individual; é preciso tomar as pessoas com todos seus problemas como ponto de partida para poder dar a interpretação correta, bem-fundamentada, relacionada ao sonhador ou

Complexo, arquétipo e símbolo

descartar uma que pareça incorreta. No entanto, um sonho que não tenha apenas elementos de natureza privada e pessoal, mas também comunique algo universalmente humano, também pode ser desvelado sem "amplificação subjetiva". Ou seja, todos nós podemos extrair dele e interpretar todos os temas puramente arquetípicos, mas *apenas estes*. O resultado dessa interpretação conterá um fato que, embora permita, por inferência, certa avaliação da atual situação psicológica do sonhador por se comportar compensatoriamente em relação a ela, só dará expressão e chamará atenção para aqueles conteúdos profundos, distantes da consciência, e nos quais o ser humano aparece ainda como espécie ou como parte de um coletivo de maior ou menor extensão. O sonho arquetípico sempre deve, portanto, ser considerado sob seu duplo aspecto: o que ele diz em relação ao indivíduo que o sonhou e, ao mesmo tempo, em relação ao coletivo humano? Inicialmente, toda interpretação concerne ao ser pessoal do sonhador. Ao contrário dos chamados "pequenos" sonhos, o sonho arquetípico aponta além dessa interpretação concernente somente ao indivíduo e – conforme o grau de generalidade dos seus conteúdos – diz respeito a muitas ou todas as pessoas. Por isso, o conhecimento pelo menos do estado de consciência do sonhador, como está presente, por exemplo, no trabalho psicoterapêutico, sempre será uma condição necessária, mesmo que ele não possa fornecer associações pessoais.

"O inconsciente escolhe, com habilidade e no momento certo, o símbolo certo para o indivíduo, mas o valor do símbolo não é absolutamente fixo e determinado; ele reside na relação do símbolo com o sonhador"[7].

---

7. WICKES, F.G. *Analyse der Kinderseele*. Stuttgart, 1951, p. 280.

É necessário limitar-se ao conteúdo arquetípico de um sonho no caso de sonhos transmitidos pela história, ou daqueles contidos em mitos, lendas ou na Bíblia, uma vez que não existe nenhum contexto pessoal para eles. No entanto, esse contexto pode ser substituído, em alguns casos, como em sonhos históricos ou literários[8], por dados biográficos do sonhador e pelo estudo cuidadoso do *zeitgeist* que o influenciou. Por outro lado, essa limitação será imperativa numa categoria particular de sonhos, os de crianças, pois os pequenos sonhadores geralmente não sabem dizer coisa alguma a respeito de seus sonhos. Jung afirma:

> A psique inconsciente da criança possui uma extensão incalculável e, da mesma forma, uma idade incalculável [...]. Os sonhos de crianças de três ou quatro anos são em tal grau mitológicos e prenhes de sentido, que qualquer um seria tentado a considerá-los sonhos de adultos, se não soubesse quem os sonhou. Trata-se aqui, pois, dos últimos vestígios de uma psique coletiva em desaparecimento, que, no sonho, repete os eternos conteúdos primordiais da psique da humanidade[9].

E, como a psique da criança ainda está muito entrelaçada com seu solo primordial, e, portanto, como nos povos primitivos, grandes e inesperadas imagens arquetípicas brotam com grande força e contundência de suas profundezas, os sonhos infantis muitas vezes formam um material particularmente adequado, para observarmos e explorarmos a natureza e atuação dos arquétipos. Pois:

---

8. Cf. VON FRANZ, M.L. "Der Traum des Descartes". *Zeitlose Dokumente der Seele, Studien aus dem C.G. Jung-Institut.* Vol. III, Zurique, 1952. • JAFFÉ, A. "Bilder und Symbole zu E.T.A. Hoffmanns Märchen Der Goldene Topf". In: JUNG. *Gestaltungen des Unbewussten.* Zurique, 1950, p. 239.

9. JUNG. Prefácio a WICKES, F.G. *Analyse der Kinderseele*, p. 19.

Complexo, arquétipo e símbolo

> A infância é importante não somente porque vá-
> rias atrofias dos instintos se originaram nela, mas
> também porque ela é o tempo em que surgem,
> terrificantes ou encorajadores, diante da psique da
> criança, aqueles sonhos e imagens de ampla visão,
> que preparam todo seu destino[10].

O seguinte sonho infantil representa um excelente exemplo do que foi dito até aqui, pois é, como poucos, adequado para mostrar a surpreendente faculdade da psique de formar imagens. Aqui também, só podemos inferir o significado mais profundo desse sonho por meio da interpretação das imagens ou símbolos arquetípicos que nele se exprimem. Temos de abrir mão das referências pessoais da esfera cotidiana, porque não conhecemos o suficiente sobre o sonhador nem podemos obter associações subjetivas. Uma correção ou suplementação mediante um exame da série da qual proveio esse sonho também foi impossível, em parte porque os outros sonhos não estavam disponíveis, em parte porque o processamento de toda essa série teria superado o escopo desse experimento interpretativo.

No entanto, o sonho apresenta tal unidade e redondeza que parece justificado examiná-lo por si próprio. Em todo caso, seu significado individual limitado pode ser pressentido intuitivamente ou extraído hipoteticamente sob a forma de conclusões, embora devamos renunciar à verdadeira corroboração da exatidão da interpretação, ou seja, a aprovação do sonhador às declarações dessa interpretação. Mas, na medida em que cada arquétipo tornado visível no símbolo "é de duas caras", isto é, representa não só elementos que já se tornaram, mas também aqueles em processo de devir, seu sentido se orienta

---

10. JUNG. *Über psychische Energetik und der Wesen der Träume*, p. 92.

tanto pelo presente quanto pelo futuro, e seu conteúdo pode também ser considerado sob seu aspecto antecipatório[11].

Também não procederemos a uma interpretação no nível de objeto. Porque o sonho não contém pessoas e figuras que mantenham uma relação vital e imediata com o sonhador e devam, portanto, ser consideradas em sua realidade concreta e não simbólica. Por sua própria natureza, sonhos arquetípicos são primordialmente representações de um mundo interior, puramente psíquico e não de um mundo exterior, concreto.

A tentativa de interpretação de sonho oferecida a seguir é, sem dúvida, um exemplo do método junguiano de revelar, pelo processo de amplificação, o sentido do sonho, e uma indicação de como lidar com material arquetípico, mas, nessa forma, ela evidentemente não poderia ser utilizada na prática psicoterápica. Ela representa uma investigação que, no processo vivo de uma análise, só pode ser realizada em seus traços básicos, mas jamais pode ser enriquecida com um material igualmente estratificado e ramificado; não só porque o sonhador poderia potencialmente perder de vista a floresta diante de muitas árvores, mas também porque dificilmente

---

11. Jung diz a respeito: "Na medida em que no hoje já está contido o amanhã e toda a trama do futuro já está tecida, um conhecimento mais profundo do presente pode tornar possível um prognóstico de alcance mais ou menos longo do futuro [...]". No plano psíquico, isso significaria: "assim como vestígios de memória há muito subliminares são acessíveis ao inconsciente, assim também o são certas combinações subliminares e muito tênues apontando para frente, que são de grande significado para os acontecimentos futuros". Estas poderiam se tornar "objeto de uma síntese psicológica refinada, que soubesse acompanhar os cursos naturais da libido" (mas nunca se revelariam acessíveis a um método puramente analítico). "Não somos capazes disso, ou apenas imperfeitamente, mas certamente o é o inconsciente, pois aí isto acontece; e parece que, de tempos em tempos, em determinados casos, fragmentos importantes deste trabalho vêm à tona pelo menos em sonhos, de onde viria então o *significado profético* dos sonhos, há muito afirmado pela superstição. Os sonhos são, não raro, antecipações de modificações futuras da consciência" (*Symbole der Wandlung*, nota, p. 82s.)

Complexo, arquétipo e símbolo

um psicoterapeuta teria à mão, de improviso, a plenitude de amplificações numa sessão analítica, tal como ela se mostra e é possível numa seleção e consideração cuidadosas e detalhadas dos paralelismos que entram em questão.

Na interpretação dos sonhos arquetípicos, manifesta-se com clareza a diferença entre os métodos de interpretação de Freud e Jung, bem como entre suas avaliações dos temas oníricos. Freud limitou suas investigações sobre os sonhos aos conteúdos daquele âmbito que contêm os dados biográficos do sonhador e que Jung chama de "inconsciente pessoal". Sem dúvida, Freud reconheceu o material do "inconsciente coletivo" (como resíduos arcaicos), mas não o levou em conta, não fez do conceito de arquétipo um conceito seu e também entendeu o símbolo de modo um pouco diferente de Jung. Para ele, o conteúdo manifesto do sonho não era, como para Jung, o fator decisivo, mas, pelo contrário, apenas o conteúdo "latente" ou oculto por trás da "fachada do sonho". Os elementos do sonho têm de escondê-lo como "figuras-biombo", e ele só pode ser desvelado e interpretado pelo método da associação causalmente determinada, a assim chamada "associação livre". Portanto, para a compreensão de um material do inconsciente no nível do símbolo, uma maneira de pensar e de explicar que é uma característica particular da doutrina junguiana, um sonho arquetípico, como o mencionado acima, constitui uma base apropriada e valiosa[12]. Segundo a visão de Jung, as bases

---

12. No entanto, Freud faz uma exceção em casos especiais, aparentemente naqueles em que o sentido do sonho se esquiva de uma interpretação por uma cadeia de associação causal e redutora. Pois ele diz: "Nosso trabalho interpretativo é, em um caso, independente destas associações (do sonhador), a saber, quando o sonhador empregou elementos *simbólicos* no sonho. Usamos então, estritamente falando, um segundo método, auxiliar, de interpretação dos sonhos" (*Ges. Werke*, vol. II e III. "Die Traumdeutung". Londres, 1948, p. 246, nota).

inconscientes de sonhos e fantasias são apenas memórias aparentemente infantis, mas na realidade são

> formas de pensamento, baseadas em instintos, primitivas ou arcaicas, que naturalmente emergem mais claramente na infância do que mais tarde. Mas, em si, não são, de modo algum, infantis nem mesmo patológicas [...]. Assim, também o mito [ou sonho arquetípico] baseado em fantasias inconscientes, quanto a significado, conteúdo e forma, não é de modo algum infantil ou a expressão de uma atitude autoerótica ou autista, embora produza uma imagem de mundo que dificilmente pode ser comparada com nossa percepção racional e objetiva[13].

Jung julga reconhecer no sonho uma espécie de "*Gestalt*", uma totalidade com um evento mais ou menos arredondado, cuja estrutura se assemelha à de um drama. Por isso, uma divisão do curso de um sonho e um agrupamento significativo de seus elementos podem ser feitos segundo o esquema de um drama clássico. A *exposição*, em que são apresentados o *local da ação* e as *personagens*, é seguida pela fase de complicação, em que se ata o nó que impele o evento a um clímax, quando ocorre a *mudança*, que traz a solução ou *lysis*. Nela se manifesta o resultado apreensível e obtido no trabalho sobre o sonho, o evento final que, por assim dizer, traz a "saída", a solução do problema em questão. Essa estrutura similar ao drama também pode ser demonstrada no seguinte sonho infantil. Desenvolvimento, clímax e solução se desenrolam numa rápida sequência e fornecem uma visão para o interior da oficina da psique, em que os arquétipos inevitavelmente tecem o destino do ser humano e da criação.

---

13. JUNG. *Symbole der Wandlung*. Zurique, 1952, p. 44.

Sonhos vêm e vão quando bem entendem. Seu significado é muitas vezes obscuro, e sua intenção, desconhecida. Eles surgem trazendo imagens e verdades cuja profundidade nos espanta e amiúde excede a capacidade de compreensão humana. No entanto, a imaginação não pode criar nada que já não se encontre preparado nas profundezas da alma. E o homem tem a capacidade de imaginar a ordem divina e cósmica, porque ele próprio é uma parte da essência eterna, *pars pro toto*.

Figura 3 A serpente como símbolo da passagem do tempo

As pequenas cobras que caem para fora da barriga da serpente
representam cada um dos segmentos temporais.
Xilogravura extraída de C. Cotterus. *Lux in tenebris*, 1657, p. 45.

O sonho do animal mau

O sonho que apresento aqui e tento interpretar é de uma menina de 8 anos, que morreu de escarlatina cerca de um ano depois. É o último de uma série de sonhos que a menina teve pouco tempo antes; ela registrou essa série por escrito num caderno, que entregou ao pai como um presente de Natal. Ela própria deu o título a esse sonho: "O sonho do animal mau". É este o sonho:

> Certa vez eu vi em sonho um animal que tinha um monte de chifres. Ele espetava outros pequenos animais com eles. Ele se enrolava como uma cobra, e essa era sua natureza. Então veio uma névoa azul de todos os quatro cantos, e ele parou de comer. Então veio o bom Deus, mas na verdade eram quatro deuses bons nos quatro cantos. Então o animal morreu e todos os animais devorados saíram novamente vivos.

Já à primeira vista, tem-se a impressão de que este sonho é um dos chamados "grandes" sonhos, como conhecemos da literatura a respeito. Não naquele sentido, por exemplo, de sonhos proféticos de um curandeiro que mostram o futuro para toda a tribo, mas no sentido de que ele imediatamente revela uma espécie de "visão de mundo", um núcleo de pensamento profundo e parece representar uma verdade filosófica ou cósmica, igual à que encontramos em antigas lendas e contos. No

Complexo, arquétipo e símbolo

fundo, ele também não soa como um sonho, parecendo mais uma visão. É como uma delicada pintura oriental: algumas manchas de cor vagas, poucos traços, contornos indistintos, que comunicam a coisa representada. Mas se mergulhamos na imagem, o plano de fundo omitido ganha vida e uma plenitude que quase ameaça estourar a moldura. Numa variedade colorida, formas e figuras surgem e se condensam numa imagem cuja força nos captura e nos abala.

A sonhadora não está envolvida na ação, que se desenrola à sua frente como um filme colorido. Ela a relata num tom frio, objetivo, impassível, quase como se fosse um evento distante que não nos diz respeito e que observamos com olhos arregalados de uma criança admirada, talvez até mesmo um pouco assustada. Mas não é só a sonhadora que não tem relação discernível com a ação do sonho; o próprio ser humano não desempenha papel nenhum nela. Isso constitui talvez a principal razão para que o sonho desperte uma impressão tão forte de desconexão com tudo o que é individual e humano: há um confronto exclusivamente de Deus e animal. Dessa total ausência do homem como pessoa que age ou até mesmo sofre, emerge a atmosfera fria, terrível do sonho, de épocas primevas, pré-humanas, quando "o Espírito de Deus pairava na superfície das águas"[14]. O sub-humano e o super-humano, animal e Deus se contrapõem aqui em sua crua implacabilidade. Matéria primordial e espírito primordial se enfrentam aqui, se entrelaçam numa batalha; morte e nascimento, que acontecem incessantemente desde sempre e transmitem o espetáculo comovente da vida que morre e renasce sem cessar. O palco em que essa luta acontece desde tempos imemoriais

---

14. Gn 1,2.

é o "espaço interior" da psique, e seus vários aspectos aparecem como aquelas formas e estruturas que têm de travar essa batalha.

Um exame mais profundo do sentido e significado das imagens ou elementos oníricos arquetípicos e suas conexões deve fornecer uma prova do que foi afirmado até aqui. Esse sonho – como Jung constatou para a maioria deles – representa um verdadeiro drama de forma condensada e simplificada, podendo ser dividido de acordo com os dramas clássicos.

A tentativa de aplicar a ele o esquema de divisão usado pelo método junguiano de interpretação de sonhos produziria as seguintes partes:

Local = A terra dos sonhos sem limites; o espaço que abarca o universo, e os seus quatro cantos.

Tempo = Certa vez ... a eternidade atemporal.

Dramatis personae = O animal mau de chifres, os animais pequenos, a névoa azul, o bom Deus na forma dos quatro deuses bons.

Exposição = O animal mau espeta com seus chifres e come pequenos animais e se enrola como uma cobra.

Peripécia = Veio uma névoa azul de todos os quatro cantos, e o animal parou de comer.

Clímax = Então veio o bom Deus, mas, de fato, eram quatro deuses bons nos quatro cantos.

Lysis = O animal morreu e todos os animais devorados saíram deles novamente com vida.

Além da divisão nesses estágios usuais de desenvolvimento, ainda se impõe nesse sonho uma outra, resultante de sua estrutura peculiar, a saber, uma bipartição numa espécie de acontecimento inferior e superior, "terrestre" e "celestial". O fato de aparecerem apenas animais e Deus realça com mais intensidade a tensão dos opostos, inerente ao sonho. Na primeira parte, o campo é dominado pelo animal mau e pelos pequenos animais. Na segunda parte, aparecem Deus e os deuses, e o animal é privado de seu poder. Este é, portanto, na verdade, um confronto entre animal e Deus, bem e mal, escuridão e luz, matéria e espírito, ou sejam quais forem os nomes desses opostos primevos. Eles já se encontram no início da criação do mundo, já nasceram no segundo dia da criação, quando Deus separou as "águas inferiores" das "águas superiores" e, quebrando a unidade da criação, criou campos de força contrários. Desde então, toda a vida se desenrola no espaço desses campos. Ainda hoje eles contêm a tensão dinâmica de todo ser, tal como quando o Criador fez uma pausa, e sua confirmação diária de que "era bom" não pôde então ressoar. Porque nessa separação e divisão residia, ao mesmo tempo, o conflito, a dissociação que também perpassa o homem e muitas vezes ameaça destruí-lo, mas em última análise, constitui ocasião para a superação de si mesmo.

Assim, as "águas superiores" se tornaram o céu, e as "inferiores", a terra. Então teve início a grande luta entre ambos, que continua até hoje. Pois, toda a tragédia da criação e da humanidade encontra-se nestes dois princípios e em sua oposição pugnaz – poderíamos vê-los como arquétipos da primeira grande tensão de opostos – quer sejam matéria e espírito, dia e noite, ou masculino e feminino. Desde tempos imemoriais, eles não cessaram de incutir sua influência nas pessoas, e uma cadeia interminável de mitos, lendas e mistérios ainda hoje dá testemunho de seu poder inabalável.

Se ousamos afirmar que o "animal mau" de nosso sonho representa um símbolo, uma personificação do instintivo, do escuro, da "água inferior", poderíamos nos basear, para isto, numa série de analogias surpreendentes retiradas dos mais diferentes reinos mitológicos. Portanto, investigaremos o animal pelo método de "amplificação objetiva", para classificá-lo corretamente.

O duplo aspecto do animal

Nesse sonho, o animal não tem nome, nem é descrito em detalhes. As únicas propriedades especificadas são que ele tem muitos chifres, com o qual espeta outros "pequenos animais" a fim de devorá-los, e que se enrola "como uma cobra".

A primeira coisa que chama atenção é que, aparentemente, o próprio animal – e não só os acontecimentos do sonho – reúne em si características de natureza contrastante. Como criatura que se enrola como serpente, ele pertence, sem dúvida, ao elemento frio e úmido; mas seus chifres o associam ao elemento quente e ígneo da paixão penetrante. O corpo do animal, que se enrola, pode, portanto, ser justificadamente descrito como uma espécie de serpente e como um símbolo ctônico-escuro, feminino-passivo, devorador, terreno, que é complementado pelo aspecto ativo-masculino dos chifres. Desse modo, o animal parece ser, em certo sentido, um monstro ctônico representando, como ser primordial cosmogônico, uma simbolização da chamada "matéria-prima", que, por sua natureza, foi quase sempre designada como hermafrodita. Segundo Jung, "a oposição no *ens primum* é, por assim dizer, uma ideia universal"[15]. De acordo com a mitologia egípcia, Nun, a substância primordial úmida, "a matéria-prima geradora", que é ao mesmo tempo de essência feminina e masculina, também é chamada de "Amon, a água primordial, o ser que

---

15. JUNG. *Psychologie und Alchemie*. Zurique, 1944, p. 452.

Complexo, arquétipo e símbolo

existia no início", o "pai dos pais" e a "mãe das mães"[16]. Relata-se que muitos monstros combinam atributos masculinos e femininos. Por isso, é possível que Behemoth e Leviatã devam ser vistos como um único monstro; pois assim como Leviatã é designado como senhor das águas e feminino, Behemoth é designado pelos comentadores como senhor do deserto e masculino, o que poderia ser indício de que, numa tradição mais antiga, ambos eram um ser único, hermafrodita, sendo separados em um mito posterior[17]. Tiamat, a mãe primeva babilônica, aparece como hermafrodita em muitas imagens, bem como o ainda indiviso "ser primevo hermafrodita"[18] no simbolismo da alquimia.

O fato de que não só os já mencionados dualidade e antagonismo de animal e Deus, dos planos superior e inferior ocorrem no sonho, mas também de que uma dupla natureza se manifesta no próprio animal, por revelar traços terreno-passivos e ígneo-ativos, leva-nos a concluir que se trata aqui não de um animal comum, mas de um daqueles monstros míticos que representam a encarnação simbólica de uma totalidade; neste caso, a totalidade de uma *metade do mundo*, justamente aquela do "mundo inferior". Em termos psicológicos, isso significaria: o mundo dos instintos e impulsos, da psique associada à natureza biológica, aqui expressa, em sua linguagem de imagens, por um animal primevo arquetípico.

O bilateralismo de seres fabulosos é algo característico das épocas primevas. Portanto, esses animais sempre pertencem

---

16. JUNG. *Symbole der Wandlung*, p. 407.

17. GUNKEL, H. *Schöpfung und Chaos in Urzeit und Endzeit*. Göttingen, 1895, p. 63.

18. JUNG. *Psychologie und Alchemie*, p. 400.

também ao âmbito mais profundo do inconsciente e, quando emergem de sua escuridão no sonho, trazem consigo todo o horror das experiências do mundo primevo. Porque eles provêm de um tempo em que a água era considerada o início do universo, como, por exemplo, no início da criação no Antigo Testamento. Ou quando se pensava que a água era aquela *anima mundi*, sobre a qual os alquimistas diziam: *"aqua est vas nostrum"*[19]. Em sua linguagem figurada, os animais pertencentes a esse mundo primordial também eram símbolos da "matrix", do elemento feminino-receptor, do *vas* alquímico, da "cratera", do "recipiente"[20], ou seja, representantes da variedade inesgotável da grande mãe, do materno, que ainda contém o princípio masculino, da grande mãe como símbolo do âmbito mais profundo do inconsciente, em que os opostos masculino-feminino ainda estão unidos[21].

Dragão e serpente

O animal fabuloso primordial que deve ser citado aqui em primeiro lugar, em nossa aplicação de material para amplificação, é, sem dúvida, o dragão. Nas mais antigas tradições, ele já é considerado a personificação da força da água, que tanto vivifica como mata. Na representação das pessoas, por muito tempo o dragão já estava no início de todo devir, e sua história coincide com toda a série de tentativas humanas de livrar-se de seu poder devorador. Os números pares, que, segundo uma

---

19. Ibid., p. 326.

20. Cf. GUNKEL, H. *Von den Wurzeln des Bewusstseins*. Zurique, 1953, p. 162s.

21. Mais detalhes a respeito em: NEUMANN, E. *Zur Psychologie des Weiblichen*. Zurique, 1953. • *Die Grosse Mutter*. Zurique, 1956.

Complexo, arquétipo e símbolo

concepção antiga, significam o feminino, a terra, o subterrâneo e o mal, também eram frequentemente vistos como personificados pelos dragões, ou, como mais tarde na alquimia, na *serpens mercurii*, que representava o material inicial da *opus*. Em Paracelso, a "matéria-prima" é um *increatum* e este, como na alquimia, era a serpente ou dragão hermafrodita, que se fecunda ou se gera a si mesmo[22]. Psicologicamente, ele simboliza a "inconsciência primordial, pois este animal gosta [...] de habitar cavernas e locais tenebrosos"[23]. A relação entre o "início" do mundo e o dragão é vividamente descrita na cosmologia babilônica, em que Tiamat, o dragão que simboliza a escuridão do início, também é amiúde representado como "serpente irada"[24], derrotada pelo herói-sol Marduk. Desse modo, o mundo primevo matriarcal é superado pelo brilhante mundo paterno masculino, e a escuridão do inconsciente é iluminada pelos raios da consciência, que a dissipa.

Provavelmente o dragão, já no antigo Egito, era símbolo das grandes inundações do Nilo com suas consequências fertilizantes e devastadoras e era, portanto, identificado tanto com o deus Osíris como com a deusa Hathor ou, em seu aspecto benéfico, com Osíris e, em seu aspecto destrutivo, com o adversário deste, Set. A serpente de Midgard, da Edda, deve ser tratada como uma espécie de dragão; ela se encontra no fundo do oceano que circunda o mundo; de fato, ela é esse próprio oceano[25]. De igual modo, Raabe, o "monstro do mar

---

22. JUNG. *Psychologie und Alchemie*, p. 605.

23. JUNG. *Von den Wurzeln des Bewusstseins*, p. 185s.

24. GUNKEL, H. *Schöpfung und Chaos in Urzeit und Endzeit*, p. 28.

25. NINCK, M. *Wodan und der germanische Schicksalsglaube*, Jena, 1935, p. 54.

que brame", como Jó o chama, é uma personificação do mar primevo, que apenas Yahweh pode "acalmar"[26]. A mais antiga deusa-mãe suméria era um dragão-cobra[27]. Na frente da casa de Medeia espreita o dragão vigilante, e à noite, diz-se, o carro-Sol não é puxado por corcéis, como durante o dia, mas por dragões[28]. Um carro da deusa-mãe Demeter também é puxado por um dragão, enquanto ela se encontra no submundo para encontrar sua filha Perséfone[29]. Delfine, a grande inimiga de Apolo, a "cobra gigante semelhante a um útero", que o deus, ainda menino, matou quando foi para Delfos, também era um dragão ou um dragão fêmea[30]. O golfinho é entendido no mito grego antigo como um símbolo do atributo do mar de carregar e gerar filhos[31]. Dizia-se que o delfim era um animal marítimo provido de útero – que está incluído na sílaba *delph*[32].

No sistema hindu da ioga *kundalini*, o chacra *svadhisthana* da região aquática é habitado por um dragão[33]. E, dentre as mais conhecidas figuras de dragão de baleia, devemos realmente mencionar a baleia que engoliu Jonas, bem como o Leviatã bíblico, que é descrito como um monstro aquático, retorcido, escamoso, a cuspir fogo, e sobre o qual o Antigo Testamento diz: "As profundezas faz ferver, como uma panela; torna o mar como quando os unguentos fervem. Após ele

---

26. GUNKEL, H. Schöpfung und Chaos..., p. 36.

27. SMITH, E. *The Evolution of the Dragon*. Manchester, 1919, p. 231.

28. FUHRMANN, E. *Das Tier in der Religion*. Munique, 1922, p. 39s.

29. Ibid., p. 39.

30. KERÉNYI, K. *Die Mythologie der Griechen*. Zurique, 1951, p. 134.

31. KERÉNYI, K. & LANCKORONSKI, L.M. *Der Mythos der Hellenen*. Amsterdã/Leipzig, 1941, p. 50.

32. Ibid.

33. AVALON, A. The Serpent *Power*. Londres, 1931, fig. III.

Complexo, arquétipo e símbolo 169

alumia o caminho; parece o abismo tornado em brancura de cãs"[34]. Dragões sempre foram seres poderosos e temidos; mas, por causa de sua propriedade de trazer chuva e água também eram, com frequência, – como na China – considerados sagrados e até mesmo adorados. Em alguns lugares, o dragão também era originalmente identificado com o crocodilo, que é considerado como portador de chuva e, portanto, reina no céu como deus do tempo[35]. Em quase todos os povos havia a crença de que o dragão era a causa do mau tempo, de inundações e outros cataclismos. A tempestade cavalga o dragão, causa deslizamentos de terra e terremotos[36]. Quase em toda parte, o dragão aparece ligado à noite, à escuridão, ao útero, à água universal.

Tal como o dragão, a serpente, que se enrosca, pertence ao ctônico, ao elemento frio e úmido da água e ao âmbito material-feminino. Em tempos míticos, ela era considerada símbolo do Oceano ou do Jordão[37], portanto, da água em movimento. Ela é geralmente vista como a personificação do instintivo, em seu aspecto ainda coletivo-impessoal, pré-humano e sinistro. Dependendo da forma e da conexão em que é encontrada, ela é tomada como símbolo de "inimiga da luz", como incorporação da "alma inferior" no homem, ou também como símbolo da sexualidade em seu "impulso escuro", quer no sentido freudiano, que a aborda como um símbolo masculino, fálico, ou no de Jung, que lhe confere um significado feminino-ctônico e, portanto, também a relaciona com o devir, o criativo.

---

34. Jó 41,31s.

35. ERKES, E. *Strohhund und Regendrache, Artibus Asiae* IV, p. 209.

36. *Handwörterbuch des Deutschen Aberglaubens.* Berlim/Leipzig, 1927/1942.

37. LEISEGANG, H. *Die Gnosis.* Leipzig: Kröner-Ausgabe, 1924, p. 141.

Nas diversas mitologias, as cobras aparecem quase sempre como animais de companhia ou atributos da grande mãe Terra. A cobra é encontrada em conexão com Hécate, a deusa lunar grega, bem como com a deusa-mãe Demeter. Ela também está intimamente relacionada com a água; é encontrada em muitas tradições em conexão com fontes de cura. Ela pertence ao deus ctônico da cura Asclépio; de falto, ela é este próprio deus[38]. Na história do Paraíso, ela é muitas vezes representada com uma cabeça de mulher. No gnosticismo, especialmente na seita dos naassenos e ofitas, a cobra desempenha um papel crucial; diz-se a seu respeito: "Ela é a substância úmida [...] , e nada no mundo, imortal ou mortal, vivo ou inanimado pode existir sem ela"[39]. Como o dragão, a cobra também simboliza a "matéria-prima" que será transformada, a *massa informis* e, como um animal de sangue frio primitivo, o inconsciente instintivo, que, num lento processo de desenvolvimento, será espiritualizado e enobrecido. Na alquimia, ela representa a substância da transformação, que, como Mercúrio alquímico, simboliza tanto o processo de transformação quanto seu conteúdo[40].

Dos diversos aspectos de simbolismo[41] em que a cobra e o dragão aparecem, puderam ser citados apenas alguns para a elucidação do sonho em questão. No material do inconsciente,

---

38. MEIER, C.A. *Antike Incubation und modern Psychoterapie, Studien aus dem C.G. Jung-Institut.* Zurique, 1949, p. 72ss.

39. LEISEGANG, H. Die *Gnosis*, p. 141.

40. Cf. tb. JUNG. *Psychologie und Alchemie*, p. 345s.

41. Cf. tb. KÜSTER, E. *Die Schlange in der griechischen Kunst und Religion* (Giessen, 1913), com um material cuidadosamente documentado sobre o tema.

Complexo, arquétipo e símbolo

eles representam um dos símbolos mais frequentes e ubíquos, razão pela qual seus significados, dependendo do contexto em que aparecem, assumem inúmeras variações.

O chifre

Após essa breve visão geral de algumas das amplificações possíveis para seres ofídicos, que se enrolam, veremos agora outras amplificações para o simbolismo do chifre, que serão complementadas por exemplos de animais cornudos do tipo da serpente e do dragão.

É dito que o animal do sonho tinha "um monte de chifres". Chifres são símbolos fálicos. Eles representam exatamente o oposto do corpo terreno-úmido da cobra. Em tempos mitológicos, e entre os povos primitivos, o chifre era considerado a corporificação dos raios solares e, portanto, de um princípio ígneo, ativo-masculino. Esse elemento "solar-ativo" pode ter um efeito tanto criativo como destrutivo. O raio de sol, quando penetra na terra, faz as sementes germinarem, tendo, portanto, uma ação frutífera – uma concepção que sobrevive até hoje –, mas com seu fogo também pode crestar e destruir a vida. Mas não importa a forma em que o encontremos, o chifre sempre tem o papel de um "agente" e, portanto, sempre significa força e poder. Por isso, numerosas divindades têm chifres; Michelangelo também distinguiu seu Moisés com chifres, a fim de ilustrar sua força espiritual. Alexandre o Grande, também era chamado de bicorne e, como sinal de seu poder extraordinário, era retratado com chifres de carneiro na cabeça; também podemos mencionar Juliano o Apóstata, que foi retratado nas imagens de moedas romanas como Serapis com uma coroa com pontas simbolizando as forças radiantes e penetrantes[42]. Hathor, a rainha egípcia do caos, tem chifres, e os dez chifres do animal na visão de Daniel[43] significam o poder dos reis de Roma e Grécia.

O significado e o papel do chifre, em seus aspectos positivo e negativo, são atestados em todos os povos por inúmeras tradições de conteúdo semelhante. O touro furioso, que, com os chifres, rasgava os corpos dos primeiros mártires cristãos na arena romana permanecerá, para sempre, um símbolo da ira cega, da intensidade destrutiva, da força assassina. Em contraste com isso, a filosofia hermética, por exemplo, atribuía ao unicórnio a alta propriedade de consagrar a água com seu chifre, limpá-la do pecado, atestando, dessa maneira, sua grande propriedade criativa. A penetração do unicórnio no ventre da Virgem Maria e o seu papel como um Espírito Santo fecundante[44], como nos transmitiu a representação cristã, guardam traços semelhantes. Nós o reencontramos nesse papel em muitas variações entre os gnósticos, e vários representantes da alquimia[45]. O unicórnio designava na África a categoria de príncipes e imperadores e, em certas tribos, era até mesmo adorado como símbolo do Sol[46]. Finalmente, o livro do Apocalipse diz sobre o dragão de sete cabeças e dez chifres: "E os dez chifres que viste são dez reis [...]" mas "receberão o poder como reis por uma hora, juntamente com a besta"[47].

---

42. Cf. JUNG. *Symbole der Wandlung*, fig. 106 e 37.

43. Dn 7,2.

44. JUNG. *Psychologie und Alchemie*, p. 589ss.

45. Cf. JUNG. "Das Einhornmotiv als Paradigma" (In: *Psychologie und Alchemie*), com inúmeras ilustrações sobre o tema.

46. FUHRMANN, E. *Das Tier in der Religion*, p. 28.

47. Ap 17,12s.

Complexo, arquétipo e símbolo

O diabo, como príncipe da escuridão, quase sempre usa chifres, uma ideia que se conservou até os dias atuais, ainda que hoje lhe concedamos uma aparência um pouco mais civilizada e domada do que na Idade Média, em que satanás era representado como um monstro horrível, sempre a postos com a boca escancarada para devorar o homem pecador.

O ofídeo com chifres

O sonho não informa se o animal tem apenas um tronco ou mais, se tem uma ou várias cabeças, nem como seu "monte de chifres" é distribuído em seu corpo ou suas cabeças. Mais uma vez, portanto, precisamos examinar versões diferentes em busca de seu significado.

Dentre os dragões de várias cabeças, há muitos cuja fama é imortal. Todos conhecem o dragão Ladon, que guardava as maçãs de ouro das Hespérides[48] e a Hidra de Lerna, a serpente aquática derrotada por Heracles, de muitas cabeças e hálito venenoso, que podia penetrar nas pessoas como um chifre mortal[49]. Há uma hipótese de que o dragão também é identificado com o Octopus de muitas cabeças, como muitas vezes vemos representado em antigos vasos de Creta[50], e outra que atribuía várias cabeças até mesmo a Leviatã[51]. Não se pode dizer ao certo se esses animais com forma de serpente ou dragão tinham chifres; no entanto, há na tradição diferentes animais, cujos chifres de diversos formatos são expressamente

---

48. KERÉNYI, K. *Die Mythologie der Griechen*, p. 57s.
49. PRELLER, L. *Griechische Mythologie*. Vol. II. Berlim, 1921, p. 444.
50. SMITH, E. *The Evolution of the Dragon*, p. 215, fig. 24c e outras.
51. GUNKEL, H. *Schöpfung und Chaos*, p. 83ss.

mencionados. O mais conhecido entre eles é o grande dragão vermelho de sete cabeças do Apocalipse, com seus dez chifres, a respeito do qual está escrito: "A antiga serpente, chamada o diabo e satanás"[52].

Entre os índios Pueblo, a serpente com chifres era um espírito da água, com significado religioso especial[53]. Wani, o dragão chinês e japonês, também tem chifres[54]; e, das cobras semidivinas Naga, há supostamente um tipo, os dragões do mar, com um torso humano, mas com a cabeça com chifres e o ventre contorcido de uma cobra[55]. A cultura maia se refere a dragão-aligátor com pequenos chifres de veado. Há uma conexão singular do dragão com chifres do grupo de animais que inclui antílopes, gazelas, veados. Conhecia-se, por exemplo, na Califórnia um dragão com chifres e asas; e na China, o dragão era muitas vezes designado como "veado celestial"[56]. Na Babilônia, os deuses Ea e Marduk eram frequentemente associados com o antílope e representados com um corpo de peixe e uma cabeça de antílope e seus chifres[57]. Há dragões que são, verdadeiramente, figuras mistas e, além do corpo de cobra como sinal de suas propriedades múltiplas, também unem em si outras formas de animais, como, por exemplo, leões, águias, carneiros, vacas, veados, peixes. Em Illinois, por exemplo, haveria uma gravura rupestre retratando dois dragões monstruosos em vermelho, preto e verde, tão grandes

---

52. Ap 12,9.
53. SMITH, E. *The Evolution of the Dragon*, p. 91.
54. Ibid., p. 103.
55. Ibid., p. 108.
56. Ibid., p. 133.
57. Ibid., p. 130.

Complexo, arquétipo e símbolo

quanto um bezerro, com chifres como um cervo, olhos verme-
lhos, uma barba, a face humana com uma expressão terrível,
um corpo coberto de escamas e uma cauda tão longa que
podia contornar a figura gigantesca do animal[58.].

Diabo, dragão, serpente: em quase toda parte, eles são
igualados. Gerardus Dorneus, um alquimista do século XVI,
pensava que se devia reconhecer o próprio diabo na *serpens
quadricornutus*, a serpente de quatro chifres[59]. Na doutrina
maniqueísta, por exemplo, o domínio do diabo nas águas primordiais é descrito da seguinte forma: "Ele engoliu e devorou
tudo, espalhou destruição para a direita e para a esquerda e
desceu às profundezas, levando para baixo, em todos esses movimentos, destruição e aniquilação"[60]. Esta descrição não lem-
bra vividamente a atividade do "animal mau" de nosso sonho?

Espetar e devorar

Esses dois tipos de possibilidade de ação são características do animal, bem como do ser humano. Elas são formas de
ação ou reação, que se ajustam a determinadas circunstâncias
e ilustram comportamentos arquetípicos.

Espetar é análogo a perfurar, atravessar, penetrar etc. e
está, portanto, estreitamente relacionado com o instrumento
empregado para isso, uma vara, uma flecha, uma espada, uma
lança, um punhal, algo pontiagudo, afiado, penetrante. No
nosso caso, é o chifre que tem essas propriedades e "espeta".

---

58. Ibid., p. 93s.

59. JUNG. "Synchronizität als ein Prinzip akausaler Zusammenhänge". *Studien aus dem C.G. Jung-Institut Zürich*, vol. IV, 1952, p. 100.

60. GUNKEL, H. *Schöpfung und Chaos*, p. 54.

Em termos psicológico-simbólicos, isso simboliza qualidades apaixonadas, ativas, assertivas, penetrantes da psique. Segundo o Apocalipse, da boca de Cristo sai uma espada afiada, o poder de sua palavra[61]. O relâmpago, por causa da sua força penetrante, também é muitas vezes empregado como símbolo do amor súbito, cuja vítima feliz ou aniquilada é o ser humano. Como se sabe, Zeus, na forma de relâmpago, penetrou Sêmele com o seu amor[62]; e dessa união nasceu Dioniso. O significado fálico, indubitavelmente ligado ao ato de espetar, faz pensar numa série de outros aspectos que se relacionam ao ato de fecundação, à intensidade penetrante da libido ou à energia psíquica, ao instinto cego, ao desejo desenfreado e outros fenômenos[63]. O aspecto penetrante pode assumir as mais variadas formas e ter um efeito tão destrutivo como frutífero; ele é um "instigador", que promove desenvolvimento ou, por causar a morte, pode ao mesmo tempo dar impulso para o renascimento.

Os alquimistas falavam de um "Mercúrio penetrante"[64] com referência ao esforço ativo que se orientava pela expulsão do mercúrio dos minérios, isto é, do "espírito que está oculto na matéria", para possuir com isto o "essencial", "a substância espiritual" com a qual se podia converter o estado imperfeito num estado perfeito. Portanto, o ato de espetar os "pequenos animais" também pode ter sido uma "fecundação" dolorosa, a precondição de seu posterior renascimento. Ou seja, ele pode ter aqui o mesmo sentido do desmembramento, da *mortificatio*

---

61. Ap 19,15.

62. KERÉNYI, K. *Die Mythologie der Griechen*, p. 248s. • JUNG. *Symbole der Wandlung*, ilustr. 27.

63. JUNG. *Symbole der Wandlung*, p. 109ss.

64. JUNG. *Psychologie und Alchemie*, p. 404s.

Complexo, arquétipo e símbolo

etc. na alquimia; e nisto os chifres têm o mesmo papel da "espada cortante" ou da "lança que fere", do *telum passionis*, a arma de Mercúrio na *opus* alquímica[65], ou o mesmo papel da "chave" de Mefisto, com que Fausto abriria o acesso ao reino das mães, ou o papel do raio solar penetrante. O chifre desempenharia, então, o papel do *"sperma mundi"*, que, em virtude de sua intensidade, mata, mas, graças a esta propriedade espermática, também vivifica e fertiliza.

Ser devorado ou engolido também é um tema arquetípico bastante difundido, sendo encontrado em inúmeras lendas, contos de fadas e mitos. Seu mais famoso exemplo é a história de Jonas, engolido pela baleia. A baleia, como vimos, está relacionada ao dragão, e este, por sua vez, aparece muitas vezes como símbolo da água, do mar que engole o sol e o faz nascer novamente. A bruxa que devora crianças, o ogro que engole tudo, o lobo que come a criança são personagens típicos de contos de fadas com significado similar. Concepções na alquimia, como a do leão que come o Sol[66], ou de Gabricus, que entra no corpo de sua irmã Beya, onde é dissolvido em átomos[67], pertencem a esse simbolismo. Ser engolido é, simbolicamente, uma espécie de descida ao submundo, um afundar de volta ao ventre, o que acarreta a extinção da consciência, a morte do eu, na medida em que ela é engolida pela escuridão do inconsciente, que também é um símbolo da mãe terrível, que representa a goela voraz da morte[68]. Numa compreensão psicológica e funcional, isso significa uma imersão da libido no

---

65. Ibid., p. 404, fig. 150.

66. Ibid., p. 453, fig. 169.

67. Ibid., p. 458.

68. Cf. JUNG. *Symbole der Wandlung*, fig. 86, 148, 149, 157, 197, 217, 236, 243, 259, 274, 280, 299 e várias outras.

inconsciente. Para se livrar de seu envoltório mortal, é necessária uma "salvação", tal como é descrita em inúmeras lendas e feitos heroicos. Jung diz: "Assim o tempo é definido pelo ocaso e pelo nascer do sol, isto é, pela morte e pela renovação da libido, isto é, pelo despertar e renovação da consciência"[69]. A viagem ao Hades, a Nekyia, o ser engolido pelo animal do caos são certamente tormentos do inferno e da morte, mas, ao mesmo tempo, são as condições de salvação e renascimento.

O duplo aspecto psicológico

Para compreender o "animal mau", não devemos considerar apenas seus paralelos mitológicos ou folclóricos etc., mas também investigar sua importância simbólica, especialmente no campo da psique. No *Fausto* se diz que o diabo é "uma parte daquela força que sempre quer o mal e sempre cria o bem". Essa profunda verdade é particularmente válida nos campos de expressão e atividade do arquétipo e do símbolo, pois a bipolaridade pertence à sua essência original. Todas as possibilidades estão presentes no que ainda não foi separado como no que já foi reunido; disso também deriva a bissexualidade de muitas imagens ou símbolos arquetípicos[70].

No entanto, isso pode ser demonstrado não só em relação ao aspecto masculino-feminino, mas também ao par positivo/negativo. Por exemplo, as serpentes e os dragões, esses símbolos poderosos da escuridão e do mal, também sempre foram conhecidos como guardiões de ouro, de tesouros escondidos, de fontes milagrosas secretas. Eles representam o

---

69. Ibid., p. 483.
70. Cf. Parte I, p. 114s.

estado inicial, que sempre contém valores escondidos, "sementes de ouro". O dragão, que vigia as maçãs douradas das Hespérides, ou Fafner, o dragão gigante que guarda o tesouro dos Nibelungos, pertencem a esse mundo de representação. O velocino de ouro é guardado por um dragão, e Apolodoro relata que uma das cabeças da Hidra de Lerna era de ouro e, portanto, imortal[71]. A serpente Chnuphis usa, como sinal de sua divindade, uma coroa de raios, e o próprio Cristo é comparado na Bíblia à "serpente de bronze" que foi erguida por Moisés no deserto como uma imagem contra a picada das "serpentes ardentes"[72]. Além disso, há uma fábula de uma pedra de dragão mágica poderosa que podia ser encontrada no crânio do dragão; e também se diz que o sangue de muitos dragões tornava invulnerável quem se banhasse nele[73].

Pois a serpente não é apenas instinto, mas também tem outro significado simbólico, mágico, místico-religioso. É a expressão de um estado peculiar, um símile da libido ou a imagem da dinâmica da psique, que representa o fluxo incessante do processo psíquico. É o mercúrio dos alquimistas, a *serpens Mercurii* no ser humano, que impulsiona sem cessar a vida psíquica, engolindo imagem por imagem no caos de seu submundo escuro, para devolvê-las à altura renascidas e transformadas. A troca de pele anual da cobra é um excelente símbolo disso. Porque a cobra é, por um lado, a "*massa confusa*", o "*nigredo*" (negrume), a *prima materia* que se encontra no início do processo alquímico, enquanto, por outro lado, como no sonho em questão, é o recipiente em

---

71. PRELLER, L. *Griechische Mythologie*. Vol. II, p. 447.

72. Nm 21,6-8; Jó 3,15.

73. *Handwörterbuch des Deutschen Aberglaubens*. Cf. tb. a lenda de Siegfried.

que ocorre esse processo de mudança. É um caldeirão, um recipiente para cozinhar, como o altar em forma de tigela de Zósimo[74] ou a grande bacia do sonho de Polifilo[75], em que as pessoas eram imersas, para serem fervidas ou devoradas. É a barriga da baleia em cujo calor o herói perde o cabelo[76], uma espécie de útero gigante, como é representada pela Arca, em que o velho ser, em meio a luta e sofrimento, é transformado em um novo: o precioso tesouro do dragão, a psique transformada e purificada.

Por isso, parece ter alguma justificação a tentativa de traçar um paralelo entre o "animal mau" de nosso sonho e um tal "útero gigante", por assim dizer, o útero da Grande Mãe Mundo, que devora e gera novamente e tem, dessa forma, os dois aspectos de aniquilador de vida e doador de vida.

Segundo o que analisamos até aqui, é evidente que o "animal mau", com seu monte de chifres, com que ele espeta e engole outros pequenos animais, é um ser arquetípico, que possui uma miríade de outros do mesmo tipo no reino "não explorado, inexplorável"[77] do inconsciente.

Vimos nas amplificações acima algumas das variações em que os traços básicos desse ser arquetípico podem ganhar forma perceptível. Mas nem mesmo a tentativa de descrição e explicação mais detalhada pode fazer total justiça à sua essência, limitando-se a ser, no máximo, uma mera tradução para outra linguagem figurada.

---

74. JUNG. "Die Visionen des Zosimos". *Von den Wurzeln des Bewusstseins*, IV. Zurique, 1953, p. 140ss., p. 157s.

75. FIERZ-DAVID, L. *Der Liebestraum des Poliphilo*. Zurique, 1947, p. 91ss.

76. FROBENIUS, L. *Das Zeitalter des Sonnengottes*. Vol. I. Berlim, 1904, p. 62.

77. GOETHE. *Fausto*. 2ª parte, 1º ato: "Galeria escura".

78 79. [Salto do original].

Os pequenos animais

Se interpretamos o "animal mau" de nosso sonho como um "útero gigante" ou como a grande "goela do inconsciente", então os "pequenos animais" podem ser vistos como aquela "matéria-prima" da psique, que primeiro deve sucumbir à morte antes que, profundamente refundido, possa despertar para a vida nova, talvez mais diferenciada, mais perfeita e mais estável.

Os pequenos animais espetados não são descritos no sonho; não sabemos que animais são. Talvez sejam apenas substâncias corporais simples, vivas, ainda sem nome e não classificadas. Se os entendermos como funções psicológicas, poderíamos designá-los como partes vivas, componentes funcionais da psique. Eles também podem significar um tipo de produtos de decomposição, elementos desintegrados, atomizados da psique, conteúdos psíquicos autônomos que, ao atravessarem a morte no ventre do inconsciente, no monstro devorador, podem ressuscitar e, desse modo, alcançar uma nova unidade[80]. Se os alquimistas dizem que Gabricus entra no corpo de Beya, onde se dissolve em átomos, então isso significa uma "*mortificatio*" da consciência ou o desaparecimento do sol, significa que seus raios são engolidos pela barriga escura da noite, o que tem de preceder a manhã de sua ressurreição[81]. Moisés chamou as

---

80. Em face do final do sonho e da idade da sonhadora, é provavelmente adequado julgá-los menos como produtos de dissociação, que, digamos, numa progressão do processo de desintegração, conduziria a uma dissolução da personalidade em seus componentes psicológicos, p. ex., em seus complexos, como pode ser o caso numa esquizofrenia; seria mais aconselhável julgá-los como qualidades funcionais psíquicas ainda não integradas e diferenciadas.

81. JUNG, *Psychologie und Alchimie*, p. 345.

estrelas de serpentes do deserto; e as numerosas cobras que picavam os judeus em sua migração eram personificações de forças do mal, contra as quais Deus ordenou a Moisés levantar uma grande serpente de bronze sobre uma haste, e assim o poder destrutivo da multiplicidade foi anulado pela força centralizadora da unidade[82][83]. No entanto, os "pequenos animais" também podem ser entendidos como unidades de tempo, como partes da passagem do tempo que são engolidas pela boca escura da noite, do mesmo modo que as "partes da lua" que, segundo uma antiga concepção, quando chegado seu momento emergem da negrura do céu sem luar e despertam para uma renovada existência (cf. fig. 3). Como os temas arquétipos têm vários aspectos, eles inicialmente também podem ter vários significados.

Em resumo, pode-se dizer, portanto, que a parte do sonho examinada até aqui mostra um estado psíquico em que o aspecto escuro do inconsciente coletivo – condicionado pelo instinto e simbolizado na imagem arquetípica do monstro com chifres – é "apresentado" para a consciência do sonho da menina e manifesta seu efeito negativo, destrutivo da vida ao engolir os "pequenos animais" ou aniquilar muitos componentes psicológicos. Ao mesmo tempo, ele representa – porque no reino da psique também não há ressurreição, não há devir sem morte – o pré-requisito para a enantiodromia, aquele

---

82. Nm 21,6-8.

83. Gabricus é o princípio de luz e *logos* espiritual, que, como o *nous* gnóstico, afunda no abraço da *physis*. Sua "morte" simboliza a consumação da descida do espírito na matéria. Os "pequenos animais" devem ser vistos como símbolos de "átomos espirituais", como portadores de luz, ou, antes, como instintos maus como as serpentes no deserto? Não sabemos nada disso; só podemos tentar estabelecer analogias, na medida em que ofereçam um sentido para melhor compreensão do sonho.

Complexo, arquétipo e símbolo

contrafluxo energético, que é chamado para ativar o aspecto positivo, espiritual do inconsciente coletivo, introduzindo, assim, uma mudança na luta intrapsíquica.

A névoa azul

"Então veio uma névoa azul de todos os quatro cantos, e o animal parou de comer", assim continua a narração do sonho. O fluxo escuro, instintivo das "águas inferiores" é contraposto pelo adversário mais poderoso, as forças das "águas superiores", nas quais "está encerrado o espírito do Supremo"[84]. O ponto mais baixo é atingido, ocorre a mudança.

E o mesmo ocorre em nosso sonho; justamente quando a aflição é maior, o socorro de Deus está mais próximo, e sobre o submundo escuro estende-se o azul como uma tenda celeste. Há aqui – como Jung expôs brilhantemente a respeito do tratado harranita anônimo *Liber Platonis Quartorum* – uma conversão da matéria inicial até seu "nível mais elevado [...] onde a natureza é transformada no simples, o qual, segundo sua natureza, tem afinidade com os espíritos, anjos e as ideias eternas"[85], ou seja, há antes de tudo a ascensão do "corpo volátil, sutil", também chamado vapor, que para os alquimistas do século XVI simbolizava o "reino intermediário" entre espírito e matéria, ou seja, o âmbito psíquico[86]. Os antigos descreviam a psique como um "sopro úmido, fresco", que, por sua própria natureza, se iguala ao sopro vivo de Deus, que Ele

---

84. Cf. JUNG. *Psychologie und Alchemie*, p. 382. (As "águas superiores" representam o "céu", i. é, representam a região do espírito.)

85. Ibid., p. 358.

86. Ibid., p. 379.

inspirou no corpo do homem formado de argila[87]. Os estoicos, por exemplo, ensinavam que a lua – a relação desta com a psique era clara para eles – "é alimentada pela exalação doce e suave que se eleva das águas das fontes e lagos"[88]. O canto 23 da Ilíada diz sobre a alma do agonizante Pátroclo: "E a alma de Pátroclo, qual se fosse fumaça, se dissipou e penetrou na terra"[89].

O vapor é o "corpo pneumático" dos alquimistas, a "substância volátil", a alma-sopro. Como vapor de água no ar, ele representa claramente a transformação de algo corpóreo em algo aparentemente incorpóreo, como gás ou espírito[90]. Deles derivam as nuvens, os arautos de chuva e fertilização da terra. O vapor é, portanto, uma espécie de mediador entre a parte inferior e a superior, o terreno e o celestial. No famoso oráculo de Delfos, a sacerdotisa Pítia se sentava sobre o tripé de bronze em cima de uma fenda na terra, da qual subiam vapores. Estes lhe forneciam suas inspirações, por meio dos quais o próprio deus Apolo se revelava a ela[91]. Nas mitologias, o deus auxiliador aparece, com frequência, envolto em névoa; "Que haja névoa a minha frente, névoa atrás de mim, o próprio Senhor sobre mim", diz um provérbio da Boêmia[92].

---

87. Cf. Gn 1,7. Os mosaicos que ilustram o Gênesis da Basílica de São Marcos, em Veneza, mostram belamente como Adão, pela alma que Deus inspirou nele, é transformado de um torrão preto de barro em um corpo humano luminoso.

88. *Plutarchs Werke:* Über Isis und Osiris, übersetzt von J. Chr. Felix Bähr. Stuttgart, 1831, p. 1.146.

89. HOMERO. *Ilíada.* Basileia, 1943, canto 23, p. 380 [trad. de J. H. Voss].

90. JUNG. *Gestaltungen des Unbewussten,* p. 231s., fig. 53 e 54, onde as "almas" da *prima materia* calcinada no fogo escapam sob a forma de figuras humanas infantis (homúnculos).

91. KERÉNYI, K. "Das Geheimnis der Pythia". *Apollon.* Zurique, 1953, p. 284.

92. *Handwörterbuch des deutschen Aberglaubens,* vol. VI, p. 99.

Jung menciona na descrição da fonte mercurial[93], em seu livro *A Psicologia da transferência*, que os "dois vapores" que saem da boca de duas serpentes e se precipitam iniciam um processo de sublimação ou destilação para limpar a *prima materia*" dos "*mali odores*", e do "negrume da origem que lhe é inerente", fazendo com que todo o processo seja conduzido para a frente em contínua transformação[94]. No sonho que estamos analisando, a névoa que sobe dos quatro cantos também cumpre esse papel. Ela une terra e céu, os acontecimentos inferiores e os superiores; por meio dela, o mundo da *prima materia*, o mundo do "animal mau", pode se purificar e "evaporar". Desse modo, as formações nebulosas constituem como que os pilares de apoio para as forças mais elevadas, capazes de provocar a reversão e a conversão.

Dos significados inumeráveis atribuídos ao azul na linguagem corrente, e de seu simbolismo variado, citaremos apenas alguns exemplos.

Parece lógico mencionar a conexão da névoa com a cor azul na expressão em alemão "*einen blauen Dunst vormachen*" ("mostrar uma névoa azul", i. é, enganar alguém). Aqui essa cor é usada como um termo para ideias não comprovadas, sem sentido, fugazes, fora da realidade, com intuito de ludibriar. Talvez, no entanto, esse aspecto possa ser tomado num sentido diferente, mais prospectivo, na medida em que poderia pertencer ao propósito do sonho diminuir a feição

---

93. A imagem da fonte mercurial é do tratado alquímico *Rosarium philosophorum*, publicado em 1550. Com base nas ilustrações desse tratado, Jung forneceu as explicações para seu tema.

94. Cf. tb. a ilustr. 134 em *Psychologie e Alchemie*, de Jung, em que Mercurius Senex (ou Saturno), i. é, chumbo, a *prima materia*, é fervido num banho até que o espírito escapa dos vapores que sobem e voa na forma de uma pomba branca (*pneuma*).

aterradora do monstro, ou até mesmo circundar sua realidade com "névoa azul" e assim torná-la mais suportável: seria como se a psique estivesse debilitando a atividade do lado ctônico-destrutivo do inconsciente, simbolizado no animal que se enrola, mediante o movimento ascendente de uma substância pneumática e volátil ativamente contraposta a ele. Portanto, o fato de ser ela "azul" não deve ser avaliado negativamente; isso pode indicar que se trata aqui de um processo de espiritualização, justamente de uma "sublimação", um tipo de autorregulação compensatória da interação de forças psíquicas. No entanto, também se diz em alemão *"er hat keinen blauen Dunst von einer Sache"* ("ele não tem uma névoa azul de uma coisa"), quando alguém não tem a mínima noção a respeito de alguma coisa. Nesse caso, ao contrário da expressão mencionada antes, a "névoa azul" deve ser entendida como uma qualidade positiva, pois aqui ter uma "névoa azul" significaria estar "bem informado"; mas o fato de a pessoa não ter sequer isso prova a ausência de um mínimo de conhecimento fundamentado, isto é, a falta de uma atividade espiritual de sua psique.

O azul sempre foi considerado a cor do espírito, do céu, do mundo superior. Em certos lugares, a alma que sobe às alturas após a morte é chamada "fumacinha azul"[95]. Azul é a cor da maioria das divindades do céu. Em Tirol, por exemplo, Cristo é representado com um manto azul em procissões de Domingo de Ramos[96], e Maria, como rainha virgem do céu, é frequentemente retratada num manto azul. Por causa de seus diferentes atributos azuis (véu, cruz, faixa etc.) em representações alemãs

---

95. *Handwörterbuch des deutschen Aberglaubens.* Vol. I, p. 1.367.
96. Ibid., p. 1.372.

antigas, ela é muitas vezes também chamada popularmente de "Senhora Azul"[97]. Como uma cor ligada ao âmbito espiritual, o azul servia como defesa contra espíritos malignos na superstição popular; ele é utilizado especialmente na magia de proteção contra os demônios aquáticos; e é nesse papel que ele tem significado no sonho que estamos analisando. A "flor azul do romantismo"[98] poderia ser mencionada como mais uma prova do simbolismo do azul; ela representa o anseio humano pelo supremo, que exclui tudo o que é animal-instintivo. E, de igual modo, a "segunda-feira azul" ou segunda-feira de jejum[99], em que se aconselha abster-se de todos os prazeres carnais, isto é, espiritualizar-se[100].

O azul alcançou grande estima na Índia, onde também aparece frequentemente como atributo do divino e eterno. Por exemplo, um "corpo azul" é a prerrogativa apenas de Krishna[101]; e na visão dos "quatro grandes deuses" do *Livro tibetano dos mortos*, o Dharma-dhatu, o corpo de Buda, que brilha na luz azul, se encontra no ponto mais alto. Dele se diz: "A luz azul é a totalidade da substância dissolvida em seu estado original [...]. Porque a sabedoria do Dharmu-dhatu é maravilhosa e de um azul brilhante"[102]. Na ioga *kundalini*, também se diz no chacra da água (*Svadhisthana*) habita o

---

97. Ibid., p. 1.263.

98. A expressão foi cunhada por Novalis em seu romance *Heinrich von Ofterdingen*, 1802.

99. SINGER, H.F. *Der blaue Montag*, 1917.

100. No dialeto suíço, diz-se "machsch Blaue" (fazer azul) para comemorar, não trabalhar, no sentido de uma suspensão injustificada do trabalho.

101. JUNG. *ETH Notes*, p. 91 [Ed. privada].

102. EVANS-WENTZ, F.Y. *Das Tibetanische Totenbuch* Zurique. 5ª ed., 1953, p. 59 e 156 [com comentário psicológico de C.G. Jung].

divino Hari-Vishnu, cujo corpo é de um azul brilhante e "magnífico de olhar" porque ele tem "a radiação azul"[103]. Não só a "névoa", mas também o "azul" está relacionado com nuvens e chuva e, portanto, com fertilidade, crescimento e renovação. Azul transmite a sensação de frio como o céu noturno, de algo puro e claro como o brilhante firmamento diurno, vaporoso como o ar, transparente como a água. Azul é também a altura – o céu acima – e a profundidade – a água abaixo. Tal como a "névoa", ele aponta a esfera superior, divina, bem como a inferior, a ctônica. Na Índia, por exemplo, o deus da chuva Indra era invocado em certas cerimônias, para que agitasse sua manta de nuvem azul e assim provocasse chuva. Na China, o "Dragão Azul, Cerúleo" era considerado o mais generoso provocador de chuva e ocupava a posição mais alta em sua categoria[104].

Portanto, a "névoa azul" pode ser entendida como transição, como "elo" entre dois âmbitos da psique inconsciente; ela pertence tanto ao âmbito "aquoso" inferior, como também ao "azul" superior, e, deste modo, combina ambos em si significativamente.

O quatro

Na imagem do sonho, sem tempo e espaço, a névoa azul eleva-se como que dos quatro cantos do universo: num cerco potente, ela condensa o ilimitado numa unidade, como os quatro anjos do Apocalipse, que retêm os ventos nos quatro cantos da Terra[105], ou, como na visão de Daniel,

---

103. AVALON, A. *The Serpent Power*. Londres, 1931, p. 359ss.
104. SMITH, E. *The Evolution of the Dragon*, p. 109.
105. Ap 7,1.

Complexo, arquétipo e símbolo

os quatro ventos do céu que combatem no grande mar[106]. A atividade destrutiva de um poder ctônico dominante no inconsciente é detida e eliminada pelo aparecimento de contraforças espirituais pneumáticas, que a capturam dos quatro lados do espaço psíquico.

É particularmente digno de nota o fato de que, com o aparecimento da névoa azul, o "animal mau" para de devorar. Tocado pelo poder misterioso de sua quadridade, afetado pela lei ordenadora de sua quadratura, ele se detém como que paralisado. Ocorre uma interrupção no fluxo de energia negativa; ele é substituído por um tipo de atividade com um sinal totalmente diferente. Pois tem grande significado o fato de que esses "vapores" se encontrem em todos os quatro cantos e, assim, capturem o animal em seu centro.

Pois pela demarcação dos quatro cantos formados surge uma primeira "ordem" no "estado desordenado inicial", na "*massa confusa*" da psique inconsciente, simbolizada pelo monstro devorador. Como nos cultos antigos, delimita-se o espaço no qual pode ocorrer o mistério da conversão. Pois a tétrade disposta em um quadrado tinha, em muitas concepções religiosas, qualidade mágica de proteção, um caráter numinoso, ao qual se atribuía significado sagrado[107].

O quatro é um símbolo antiquíssimo, provavelmente encontrado já no Paleolítico. Ele se acha na imagem dos "quatro rios" do Paraíso, no berço da humanidade. Os quatro pontos

---

106. Dn 7,2.

107. Cf. JUNG. *Psychologie und Alchemie*, p. 123, fig. 31: a cidade com seus muros dispostos num quadrado como "Temenos"; e também p. 157, fig. 50: o castelo que protege contra espíritos de doenças, construído na tétrade etc. Cf. tb. a descrição da "Jerusalém celeste" no Apocalipse e o simbolismo da "cidades altas", p. ex., o da *Roma quadrata* na Antiguidade.

cardeais do horizonte, as quatro fases da Lua, as quatro estações, as quatro cores básicas etc., elementos básicos da nossa experiência do mundo. Provavelmente, a estrutura e a divisão celular de todo o material orgânico também repousam na lei primordial da tétrade; ela forma um esquema de ordenação natural dentro de toda a criação. A tétrade dos elementos como matérias-primas do mundo na filosofia natural antiga; os quatro humores e temperamentos na medicina antiga desempenharam um papel importante no desenvolvimento espiritual da humanidade. Os exemplos poderiam ser multiplicados infinitamente[108].

Segundo a visão gnóstica, a tétrade é a própria alma; é o *anthropos*, o primeiro Adão mortal, que consistiu nos transitórios quatro elementos[109]. Ao mesmo tempo, ela também é o invólucro para o nascimento do segundo Adão, refinado e imortal[110]. Os filósofos da Idade Média acreditavam que a *prima materia* tinha de ser dividida em quatro partes, e que natureza primordial do homem, sua impulsividade cega, devia ser sacrificada para que ela pudesse ser conduzida ao renascimento num nível superior. Também para Pitágoras o símile da

---

108. Uma apresentação detalhada dos símbolos da tétrade seria impossível no âmbito limitado deste trabalho. Da extensa literatura sobre o simbolismo dos números, bem como do número quatro, vale mencionar aqui: BUCKLAND, A.W. "Four as a Sacred Number". *Journal of the Anthrop. Inst. of Great Britain*, XXV, 1896. • HOPPER, V.F. *Medieval Number Symbolism*. Nova York, 1938. • ALLENDY, R. Le *symbolisme des nombres*. Paris, 1948. • ENDRES, F.C. *Die Zahl in Mystik und Glauben der Naturvölker*. Zurique, 1935. • PANETH, L. *Zahlensymbolik im Unbewussten*. Zurique, 1952. Jung dedicou especial atenção ao problema da tétrade ou *tetraktys* em suas obras *Psychologie und Religion, Psychologie und Alchemie, Symbolik des Geistes, Mysterium Conjunctionis*, vols. I e II, que podemos apenas indicar aqui.

109. JUNG. *Psychologie und Alchemie*, p. 500s.

110. Cf. JUNG. *Psychologie und Religion*, p. 102s.

alma era um quadrado[111]. Para o gnóstico Marcos, cujo misticismo numérico seguia o de Pitágoras, o quatro tinha até mesmo uma estreita relação com Cristo, pois 1 + 2 + 3 + 4 são 10, isto é, o valor numérico da primeira letra do nome de Jesus[112]. E os barbelo-gnósticos derivaram seu nome e seu princípio filosófico-religioso do mundo das palavras hebraicas Barbhe--Eloha, "Deus está no quatro"[113]. Para os alquimistas, a tétrade era um axioma fundamental em seus esforços pela "obra" e um princípio importante na produção da Pedra Filosofal.

A psicologia analítica de Jung também explorou várias conexões com a doutrina das quatro funções[114] ou com a descoberta do importante papel da tétrade na psique humana, reconhecida por Jung como a base arquetípica desta, e revelou o conteúdo de símbolos importantes. Sabemos, por exemplo, pelas pesquisas e observações de Jung, que os mandalas, essas notáveis imagens de meditação de religiões orientais, que muitas vezes também aparecem no processo de desenvolvimento psicológico do ocidental moderno, são construídos sobre o princípio da tétrade, podendo ser vistos como símbolos da "ordem primordial" da psique. Sua produção pode evocar ou expressar em seu autor essa "ordem primordial" potencialmente presente em cada psique, assim como a imersão meditativa nela pode fazer o mesmo em seu observador.

O fato de a tétrade ocupar um lugar tão importante no sonho que estamos analisando indica seu extraordinário sig-

---

111. ZELLER, E. *Die Philosophie der Griechen*. Parte 3, p. 120. Apud JUNG. *Psychologie und Religion*, p. 130.

112. LEISEGANG, H. *Die Gnosis*, p. 338.

113. Ibid., p. 186.

114. Os quatro aspectos das possibilidades de apreensão e orientação psicológicas estão descritas em detalhes no livro de Jung *Tipos psicológicos*.

nificado, crucial para a psique da sonhadora. Para Jung, o quatro sempre simboliza algo de essencial, que diz respeito ao próprio sonhador e, de certo modo, ao plano de fundo criativo da uma experiência de natureza religiosa, tal como é repetidamente vivenciada em infinitas variações desde que existe a humanidade[115]. Nas profundezas do inconsciente coletivo, ainda está presente tudo o que já esteve contido nelas, e isso nos fala nos sonhos numa linguagem cujas imagens estão presentes na alma do homem desde sempre[116].

Um e quatro

No simbolismo chinês, o espaço quadrado, como terra, e no indiano, como *Padma* (lótus) ou mandala (recinto protegido, sagrado), tem o caráter de Yoni, o feminino, o continente[117]. Concebido como terra, ele era visto no misticismo cristão como *matrix*, como húmus para o divino, de certo modo, como "mater dei", como *Theotokos*[118]. Portanto, não é surpreendente que, em nosso sonho, a névoa azul, em sua disposição quadrada, forme aquele lugar psíquico onde o "Um", isto é, a imagem de Deus preexistente habitando na alma, nasce e toma forma. "O bom Deus", como o chamou a

---

115. JUNG. *Psychologie und Religion*, p. 106.

116. Portanto, se Jung se vale de concepções passadas e seus símbolos na interpretação amplificadora dessa linguagem de imagens, como aparecem, p. ex., nas diversas mitologias ou no gnosticismo, ele só quer provar que tais concepções e símbolos ainda continuam vivos no material que emerge do inconsciente, não para – como muitas vezes lhe é impingido por seus críticos – professar crença no gnosticismo como visão de mundo.

117. JUNG. *Psychologie und Alchemie*, p. 212.

118. JUNG. *Psychologie und Religion*, p. 116.

sonhadora em sua crédula linguagem infantil, aparece para superar, com sua onipotência, o monstro da escuridão. Ao plano do animal-material, que inclui o "animal mau", ao reino intermediário da psique, o da névoa azul, junta-se agora, na revelação do "bom Deus", o terceiro plano do espiritual-divino como suprema realização. No desenrolar dramático, todos os três são atualizados e operantes.

"A quaternidade é uma representação mais ou menos direta de um Deus que se manifesta na sua criação"[119], diz Jung. Como símbolo, ele aponta nos sonhos o "Deus interior"; e as imagens arquetípicas em que a psique humana dá expressão a esse Deus transmitem um vívido testemunho de que ela própria tem parte no divino. A alma aparece aqui como recipiente para o espírito, cuja sede se encontra (tal como, segundo a antiga concepção, a faísca de Deus se encontra no quadrado do *temenos*) no recinto quatro vezes cercado de seu "santuário interior", de modo semelhante ao Buda entronado no centro do lótus, o eterno local de nascimento dos deuses[120].

Tudo o que é quadrado visa, basicamente, a um centro. Pois o quatro atinge sua realização última apenas com o aparecimento do Um[121]. Este "Um" como resumo da tétrade sedimentou-se em numerosas metáforas e parábolas da humanidade e levou a especulações de longo alcance. Ele é um tempo

---

119. Ibid., p. 107.

120. O retângulo como um padrão sobre os tapetes de oração do Oriente simboliza para os maometanos a morada do fiel; aqui Deus é substituído pelo fiel, ou seja, por alguém que tem parte nele.

121. O dito misterioso da filósofa copta Maria Prophetissa (também chamada Maria, a Judia pela literatura alquímica) "O Um se torna Dois, o Dois se torna Três, e do Três provém o Um como Quarto" contém todo o significado da união do quatro numa unidade (apud JUNG. *Psychologie und Alchemie*, p. 224s.).

arquetípico bastante generalizado. Também o conhecemos como a ideia da *quinta essentia*, que representa uma espécie de síntese ou a concentração de todas as forças encontradas no quatro. Plutarco já havia observado: "Pois o inicial de todo número é o um, e o primeiro número quadrado é quatro. Daí surge, como da forma e da matéria limitada por ela, o cinco"[122]. Na alquimia, por exemplo, o Um é a "quintessência", o resultado do processo de tentar extrair, produzi-la dos quatro elementos. O enigma matemático da "quadratura do círculo", que ocupou a mente de tantos filosóficos ao longo dos séculos, representa a união mística dos quatro elementos, "em que o ponto no centro, a *quinta essentia*, é o mediador, ou, em linguagem alquímica, o '*pelicanus noster*'. Diz-se que é este mediador que produz a quadratura do círculo, e, portanto, simboliza o mistério e, ao mesmo tempo, sua solução"[123]. No entanto, o cinco ou a tétrade unida na quintessência não é jamais um derivado, mas uma totalidade independente e separada, que é mais do que a soma de suas partes. Ele é aquela coisa o mais essencial, que transcende tudo. O trono de Deus, que na visão de Ezequiel é carregado por quatro querubins com quatro faces[124]; as representações do Redentor triunfante cercado pelas quatro figuras simbólicas dos Evangelistas; ou a divindade tibetana Vairochana, o Onipresente, a unidade pai-mãe, que sempre habita no centro do mandala[125], são exemplos impressionantes.

---

122. PLUTARCO. "Über das Ei zu Delphi". In: ZIEGLER, K. (org.). *Über Gott und Vorsehung*. Zurique, 1952, p. 63 [Bibliothek der Alten Welt].

123. JUNG. *ETH Notes*, 1938/1939, p. 115 [Ed. privada].

124. Ez 1,6-7.26.

125. *Livro tibetano dos mortos*, p. 162.

Complexo, arquétipo e símbolo

E quando o iogue tenta desenvolver uma "consciência em quatro aspectos", para avançar rumo ao "Um", ao supremo nível espiritual que une todos os outros, para, assim, alcançar o estado de "consciência de Buda", a "essência diamantina, iluminadora"[126], devemos ver nisso, em certo sentido, uma analogia com o singular evento do sonho em questão, narrado em palavras infantis: "Então veio o bom Deus, mas na verdade eram quatro deuses bons nos quatro cantos". Como isso soa simples, mas quanto conteúdo e tensão por trás dessas palavras, quanta comoção e grandeza!

Se a tétrade das "névoas azuis" era, por assim dizer, um prenúncio do Um, do "bom Deus", e formava ao mesmo tempo o "quadrado psíquico", do qual Deus emerge da sua invisibilidade para a visibilidade total, então na segunda quaternidade, a dos "quatro deuses bons", manifesta-se um outro aspecto da tétrade, o desdobramento quadrilateral do Um. É como se a unidade emanasse da tétrade, possibilitando que o que é em si limitado irradie para as quatro direções do ilimitado. O quatro simboliza as partes, as qualidades e os aspectos do Um[127]. Pois o Um é o início primordial, mas é também a soma de todas as possibilidades e circunstâncias e, portanto, simboliza tanto o começo como o fim; o Um e a *quinta essentia* mantêm, portanto, uma espécie de identidade e de relação recíproca.

A sequência do sonho não nos mostra se o "bom Deus" desaparece com o aparecimento de "quatro deuses bons" ou continua presente ao lado deles, de certo modo, como sua quinta-essência. Nesse último caso, poderíamos fazer uma

---

126. JUNG. *ETH Notes*, p. 55.
127. JUNG. *Psychologie und Religion*, p. 105.

analogia com *Tian*, o céu com suas quatro forças cósmicas radiantes, do mundo de concepção chinês; com a face maometana de Deus, que, de acordo com o Alcorão, olha a atividade dos fiéis de todas as direções; ou com o deus budista Vajra, que tem quatro cabeças viradas para os quatro pontos cardeais e que teria sido esquartejado em quatro partes, mas soldado novamente como uma unidade, em que as quatro partes ainda são visíveis[128]. A separação do um em quatro é um processo de diferenciação, que faz sobressair o poder do um que se estende para todos os quatro horizontes. No curso do desenvolvimento psíquico, um padrão básico similar está na base da consolidação, expansão e amadurecimento do eu, acompanhados pela diferenciação progressiva das quatro funções da consciência (pensamento, sentimento, intuição, sensação).

Mas não é decisivo para a interpretação saber se temos aqui apenas um Deus que, em seguida, se manifesta numa forma quádrupla, ou se em seu lugar entram os "quatro deuses bons", ou seja, se há uma concomitância ou uma sucessão, se há um Um mais quatro ou uma tétrade derivada do um, ou também uma teofania em os "quatro deuses bons" dominam sozinhos o palco do sono. O quatro, o um, o cinco são protagonistas de um simbolismo numérico bastante difundido, que nos aproxima do curso do sonho em toda sua plenitude de sentido. Na história simbólica, o quatro é considerado "feminino" e um ou cinco, "masculino", motivo pelo qual devemos salientar também aqui, no mundo do "evento superior", aquelas oposições imanentes que havíamos visto na esfera do "evento inferior", na polaridade masculino/feminino do "animal mau".

---

128. JUNG. *ETH Notes*, p. 114.

Nos mandalas tradicionais orientais, e nos modernos ocidentais individuais, uma metade retrata o "mundo inferior" escuro e a outra, o "mundo superior" brilhante; a cruz também é erguida entre céu e inferno e estende-se com suas duas vigas em todas as quatro direções; de modo semelhante, emerge desse simples sonho infantil a grandiosa imagem de uma tétrade cósmica formada por dupla dualidade das oposições inerentes aos eventos "superior" e "inferior"[129]. Essa imagem, nascida das profundezas da psique inconsciente, dá testemunho tanto do conhecimento da psique sobre a participação do ser humano em ambos os mundos, o mortal e o imortal, quanto da antinomia dolorosa da natureza humana, que está presa a estes dois mundos[130].

Em seu supremo esplendor e glória, a divindade quádrupla representa o clímax, o ponto alto do sonho. Isso leva a um final vitorioso. Todos os aspectos sinistros e maus do "evento inferior" são substituídos pelo poder libertador do "evento

---

[129]. A tentativa de esboçá-las num diagrama geraria o seguinte esboço:

M. e R. = morte e ressurreição

[130]. "A cruz está impressa até mesmo na face humana", lemos em Justino Mártir (séc. II, *Apologia* I, 55); ela é o símbolo do "ser humano em sua contradição".

O renascimento

Estamos chegando ao final. Ele traz a *lysis* do sonho, que diz: "Então o animal morreu e todos os animais devorados saíram novamente vivos". O ciclo se fecha, os mortos são ressuscitados. Os "pequenos animais" não sucumbiram no interior do corpo do dragão, eles apenas passaram por um tipo de viagem ao inferno, um estado de confinamento na escuridão e despertaram para uma nova vida. Tal como no Apocalipse, que diz "E vi descer do céu um anjo [...]. Ele prendeu o dragão, a antiga serpente, que é o diabo e satanás. E o diabo [...] foi lançado no lago de fogo e enxofre [...]. E vi um novo céu e uma nova terra"[131]. Aqui também um poder celestial, o próprio "bom Deus" apareceu; embora o "animal mau" não tenha sido lançado em enxofre e fogo, sua voracidade é eliminada e ele é morto, possibilitando o renascimento das substâncias vitais que haviam perecido, os "pequenos animais". Não sabemos se ele causou isso por uma ação, ou se sua mera aparição foi suficiente. Para a psique infantil, Deus revela seu poder por "amor"; sua crença neste "amor" ainda não foi abalada e, por isso, sua glória é vitoriosa e ilimitada.

A ideia de renascimento, de renovação, de superação da morte não é de moldo algum pensamento exclusivamente cristão. Ela floresceu em todas as nações e culturas. "Renascimento é uma afirmação que pertence às afirmações primordiais

---

131. Ap 20,1-2,10; 21,1 (Esta "segunda criação" se refere originalmente ao macrocosmo; em seguida, foi transferida aos homens do "final dos tempos", e, por fim, ao indivíduo, em que tudo se torna "novo".)

da humanidade"[132], explica Jung. Como tal, ela repousa num padrão básico arquetípico que subjaz ao evento psíquico e sua expressão em mito e ritual. A variedade de formas e aspectos nos quais o mistério de renascimento aparece – pois é disso que, em última análise, se trata no sonho em questão – é inesgotável[133]. Em seu trabalho esclarecedor "Sobre o renascimento"[134], Jung aponta algumas de suas formas mais importantes.

Uma dessas formas, que foi mantida como tema do "universo que sai do ovo" num número infinito de mitos e lendas, representa, por assim dizer, o renascimento de todo um "mundo", não apenas de uma única "entidade". São exemplos disso as diversas tradições de um dilúvio, também simbolizado como monstro de água devorador, e da construção de um novo mundo pelos que se salvam[135]. O final de nosso sonho leva-nos a relacioná-lo com essa conexão.

Todo renascimento é precedido por uma "morte". Essa "morte" pode ocorrer nos mais diferentes níveis e, por assim dizer, em todas as esferas da vida e receber uma expressão simbólica. E o renascimento resultante dela pode assumir todas as formas imagináveis, desde um *restitutio ad integrum* do modo de existência anterior até sua nova manifestação completamente transformada. Se, no início da história humana, o

---

132. JUNG. *Gestaltungen des Unbewussten*, p. 46.

133. Ibid., p. 39-73.

134. Muitos etnologistas e historiadores da religião de renome reuniram uma riqueza de material sobre este assunto. Aqui são citadas apenas algumas obras relevantes para nossas reflexões: GUNKEL, H. *Schöpfung und Chaos in Urzeit und Endzeit*. Göttingen, 1895. • FROBENIUS, L. *Das Zeitalter des Sonnengottes*. Berlim, 1904. • ELIADE, M. *Der Mythos der ewigen Wiederkehr*. Düsseldorf, 1953. • HENTZE, C. *Tod, Auferstehung, Weltordnung*. Zurique, 1955.

135. Cf. nota 134.

reaparecimento diário do sol a partir do "dragão do mar" e outros processos naturais semelhantes forneciam a base para o simbolismo do renascimento, com o passar do tempo a ideia de transformação assumiu um papel cada vez maior nesse simbolismo, lado a lado com a de ressurreição. A *apokatastasis* no nível puramente natural do ser é simplesmente restauração do estado original, mas pode representar, no campo do espiritual-psíquico, uma "ressurreição" num "nível superior", um melhoramento, enobrecimento, transfiguração etc. A dor e o tormento da morte representam simbolicamente o sacrifício que sempre tem de ser feito para que o novo possa vir a ser. Na história bíblica de Jonas é relatado: "Falou, pois, o Senhor ao peixe, e ele vomitou Jonas na terra"[136]. Mas nada se diz sobre o que aconteceu com o peixe ou se Jonas depois de seu "renascimento" estava transformado. Por outro lado, o herói, no mito do dragão-baleia relatado por Frobenius[137], perde o cabelo no fogo do corpo do peixe; ele deve fazer um "sacrifício", ou seja, ele não apenas passa por sofrimento, mas também perdeu o cabelo, símbolo do poder de pensamento e, portanto, retornou transformado, amadurecido[138].

Quanto mais elevado o nível de consciência da pessoa em quem ocorre a mudança – como pensavam especialmente os alquimistas e místicos –, quanto mais longe ela está do curso natural cíclico e puro tanto mais fundamental será a diferença entre o estado final e o inicial por um aumento da incorruptibilidade e indestrutibilidade. Daí os inúmeros ritos

---

136. Jn 2,10. Cf. tb. FROBENIUS, L. *Das Zeitalter des Sonnengottes*, p. 66. Cf. tb. fig. 4.

137. Cf. tb. p. 203 deste livro.

138. FROBENIUS, L. *Das Zeitalter des Sonnengottes*, p. 62. Cf. tb. p. 203 deste livro.

Complexo, arquétipo e símbolo

de iniciação já entre os primitivos, e os esforços dos iogues em busca de iluminação espiritual e os místicos de todas as religiões em busca de iluminação interior. Todos eles devem ajudar a alcançar *insights* essenciais, mediante luta, sofrimento e profunda reflexão, e, assim, chegar a um renascimento simbólico em "nível mais elevado". A ideia do primeiro Adão mortal, que é redimido para se tornar um segundo Adão, purificado, imortal[139], atravessa de ponta a ponta todo o ideário cristão, gnóstico e alquímico.

A rigor, toda transição, por exemplo, de uma fase da vida para outra, do sono para vigília, da inconsciência para um conhecimento consciente etc., significa uma espécie de "renascimento". E toda nova compreensão na vida é acompanhada por certa transformação, na qual algo superado deve morrer, deve ser deixado para trás. Toda "transformação" é, de fato, um mistério e, como tal, uma parte integrante da vida. Nas concepções sobre o renascimento – quer se refiram a um único renascimento ou a uma série deles – a transformação aparece intimamente ligada ao mistério do ser[140].

Os "pequenos animais" no ventre do "animal mau" se transformaram ou renasceram do mesmo modo que eram no momento de sua morte? O sonho não fornece resposta a essa questão. Em todo caso, algo fundamental mudou: o "animal mau" morreu, a escuridão que ele simbolizava é superada e deu lugar ao mundo luminoso da divindade. Uma nova "cria-

---

139. Cf. tb. p. 190 deste livro.

140. Segundo H. Silberer, as diferentes interpretações dos ritos de renascimento têm em comum dois princípios fundamentais: em primeiro lugar, uma mudança radical na vida, a elevação a um novo modo de vida, mais perfeito; em segundo, a relação com os poderes misteriosos do além, com o divino (*Beiträge zur Geschichte der neueren Mystik und Magie* – Caderno 4: Durch Tod zum Leben. Leipzig, 1915, p. 50ss.).

ção" começou, a atividade destrutiva do animal do caos é coisa do passado[141].

Em termos psicológicos, isso significa que a atividade perigosa, agressiva e destrutiva da base primordial do inconsciente, expressa nos atos de espetar e devorar as substâncias e componentes intrapsíquicos, os "pequenos animais", é debilitada e eliminada pelo contrapoder que entra em cena, isto é, pelo aparecimento do divino. A divindade quádrupla, como representação arquetípica de uma instância inerente à psique, a de posição mais elevada, ordenadora e definidora do destino, o si-mesmo, interveio e transformou o "caos em um cosmos".

A viagem noturna por mar

Não só o significado e a importância dos elementos do sonho, os temas arquetípicos individuais nele contidos, podem ser iluminados pelo recurso a materiais de amplificação, como foi tentado até aqui. Além disso, todo o evento do sonho, que revela como totalidade um projeto básico arquetípico, pode ser submetido ao mesmo processo de interpretação. Toda uma série de mitos, lendas e contos de fadas pode, em certo sentido, ser arrolada como paralelos, incluindo mitos de criação do mundo, com os quais o sonho apresenta muitas analogias. No entanto, a analogia mais estreita reside nos ritos de iniciação segundo o modelo da "viagem marítima noturna"[142], nos mistérios de renovação e renascimento[143], nas viagens ao submundo,

---

141. Para M. Eliade, p. ex., "todo ano novo é uma retomada de tempo no seu início", como "repetição da cosmogonia", e por isso toda renovação é, ao mesmo tempo, um novo ato de criação, um "novo nascimento" (*Der Mythos der ewigen Wiederkehr*, 83s.) Cf. tb. fig. 4.

142. Isso inclui a noturna "viagem do sol" ou do herói solar no mar, no submundo etc.

143. Cf. p. 94 e p. 122 deste livro.

na assim chamada *Nekyia*[144] em todas as suas formas. Vida, morte e renascimento, entrelaçados, constituem as três grandes seções, dramaticamente tensas do processo subjacente.

Segundo Frobenius, que, em seu livro *A era do deus Sol*, juntou uma grande coleção desse tipo de mitos, que ele chamou de "mito do dragão-baleia", das mais diferentes regiões do mundo, todos têm o seguinte curso esquemático característico, que ocorre com inúmeras variações:

Um herói é *engolido* por um monstro aquático (engolir). O animal viaja com ele *para o leste* (viagem por mar). Enquanto isso, ele *acende* na *barriga* um *fogo* e, por sentir fome, corta um *pedaço* do *coração* pendente (corte do coração). Logo depois, ele observa que o peixe desliza para terra firme (*atracar*); ele imediatamente começa a cortar e abrir o animal de dentro para fora (*abrir*); então *ele desliza para fora* (*saída*). No ventre do peixe, era tão quente que todo seu cabelo caiu (*calor – cabelo*). Em muitos casos, o herói também liberta todos os que haviam sido engolidos (*deglutição de todos*), que agora deslizam para fora (*escape de todos/nascimento do mundo*)[145].

É este o esboço dado por Frobenius[146]:

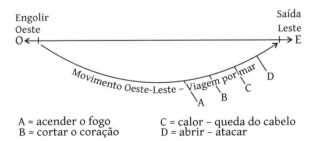

A = acender o fogo
B = cortar o coração
C = calor – queda do cabelo
D = abrir – atacar

---

144. A viagem ao Hades, a descida ao reino dos mortos (título do Canto XI da Odisseia).

145. Ibid., p. 59. Os principais "temas" estão destacados por itálico.

146. FROBENIUS, L. *Das Zeitalter des Sonnengottes*.

Ainda que nem todos os elementos e traços individuais desse exemplo paradigmático ocorram em nosso sonho, nota-se uma analogia surpreendente. Nessas formas de mitos, geralmente são seres humanos que são engolidos e renascidos, e não "pequenos animais" como em nosso sonho, mas essa não é uma diferença fundamental, pois estes, entendidos como "substâncias psíquicas", têm sua analogia, por exemplo, nos mitos citados por Frobenius, em que a baleia devora as "almas" das pessoas, leva-as para o além e ali as vomita[147]; ou nas estrelas, que como "cabritos" – portanto, também, como animais –, são engolidas pelo lobo, o símbolo da noite escura, do inconsciente. Frobenius menciona várias formas de mitos de dragão-baleia, dos quais o assim chamado tipo animalista-solar é o que mais se aproxima do nosso sonho. O homem, o herói, a mulher etc. representam, segundo Frobenius, na formação do mito, as luzes celestes concebidas antropomorficamente (principalmente o sol), de modo que, num sentido psicológico, representam a consciência, mais precisamente a de um adulto. Mas aqui se trata do sonho de uma criança cuja consciência ainda não se cristalizou, e no qual as "substâncias psíquicas" poderiam muito bem representar aqueles elementos de cuja posterior diferenciação, após seu "renascimento", pode emergir a consciência consolidada do adulto.

A correspondência é ainda mais nítida no mito da grande arraia-prego da Baía das Ostras[148] relatado por Frobenius.

---

147. Ibid., p. 197 e 219.

148. No livro de Jung *Símbolos da transformação* podem ser encontrados numerosos mitos com sentido análogo, bem como outros materiais exaustivos sobre o tópico abordado aqui.

Dizia-se que essa arraia ficava numa caverna e tinha uma longa lança com a qual perfurava as mulheres que espiava de seu buraco quando elas mergulhavam. Ela as matava com a lança e as levava embora. Por um tempo, elas não eram mais vistas, até que veio o herói, derrotou o monstro, acendeu o fogo, e as mulheres reviveram. Aqui reencontramos quase todos os temas de nosso sonho: o animal mau com chifres = a grande arraia-prego com sua lança; os animais pequenos = mulheres que são espetadas e desaparecem; a aparição de Deus e dos quatro deuses = o resgate pelo herói; o renascimento de pequenos animais = a ressuscitação das mulheres[149].

E quem não conhece o conto popular – para citar apenas um de muitos com sentido similar – de Chapeuzinho Vermelho, que foi comida pelo lobo mau juntamente com a avó e, após a morte dele, emergiu viva novamente com ela? Não se trata aqui de um evento com sentido semelhante?

Como modelos de um mito de criação do mundo, podemos mencionar o mito babilônico de Marduk e Tiamat e o mito de Osíris-Hórus-Seth. Em ambos, é dito que outrora a época primeva era a água universal; ambos apresentam essa água universal personificada como monstro mau, como dragão[150]; ambos terminam com a vitória do herói solar, chamado Marduk ou Hórus. A luta de Marduk é a batalha típica do herói solar com o dragão, a goela voraz da morte, onde as pessoas perecem como os "pequenos animais" do sonho no corpo do grande "animal mau". Do ponto de vista mítico,

---

149. FROBENIUS, L. *Das Zeitalter des Sonnengottes*, p. 77.

150. A serpente Apop que simbolizava as águas primordiais, e Seth, que foi representado como um crocodilo, e Tiamat, que seria uma "serpente furiosa".

muitas cosmogonias são uma superação da Grande Mãe, do terrível monstro, por um herói, entendido como vitória da luz que traz ordem sobre o caótico "modo de ser informe do mundo"[151], que só então adquire "forma".

A entrada na barriga de um monstro equipara-se, no plano individual-psicológico, à submersão da consciência no inconsciente, ao retorno ao útero. No entanto, este "retorno" não é apenas algo negativo, um "retrocesso", mas também – de acordo com Jung – um processo de avaliação necessário e positivo. Porque o inconsciente não é apenas uma garganta da morte, mas também inclui todas as forças nutritivas e criativas que são o fundamento do ser vivo. Quando são tocadas, elas revivem e são postas à disposição da consciência; elas "renascem". Como os "pequenos animais" em nosso sonho, aqui os conteúdos de nossa consciência vivenciam uma "viagem noturna pelo mar", do mesmo modo que o mítico Osíris, que, como deus-Sol, entra no útero, na arca, no mar, na árvore, e, ao ser desmembrado, remodelado e ressuscitado, aparece novamente em seu filho[152]. Nessa visão, a concepção prospectiva de Jung sobre a regressão se mostra justificada; ela se baseia na sua experiência psicoterapêutica, que encontrou paralelos e apoio numa abundância de mitos.

O herói precisa, em certa medida, ser encerrado na mãe, como preparação para o renascimento. Deste modo, Hércules faz sua viagem noturna numa taça de ouro[153]; e Noé, levado

---

151. ELIADE, M. *Der Mythus der ewigen Wiederkehr*, p. 239.

152. JUNG. *Symbole der Wandlung*, p. 409.

153. KERÉNYI, K. *Töchter der Sonne*. Zurique, 1944, p. 28, fig. 28. (Em semelhante contexto, heróis como Hércules são muitas vezes equiparados ao sol.) Cf. JUNG. *Symbole der Wandlung*, p. 343.

em sua arca, alcança com tudo o que resta do mundo antigo a nova manhã. Outro "recipiente" desse tipo é a deusa Nut da mitologia egípcia: diariamente ela engole o Sol e diariamente o gera de novo de seu útero[154].

Figura 4 Jonas escapa do peixe

Folha manuscrita extraída de *Jami at-Tawarikh* ou *História universal*, de Rashid ad-Din. Aquarela persa do período inicial da escola timurida. Por volta do século XIV.
Metropolitan Museum of Art. Nova York.

---

154. WALLIS BUDGE, E.A. *The Gods of the Egyptians*. Vol. II. Londres, 1904, p. 101. Cf. tb. JUNG. *Symbole der Wandlung*, p. 408, fig. 144.

Figura 5 O Ouroboros

A "serpente que morde a própria cauda" em uma forma de madeira de St. Gallen. Segundo a velha superstição popular, ela traz saúde e felicidade duradouras. A coroa em sua cabeça indica seu caráter salutar.
Museum für Natur-Völkerkunde, Basel.

A identidade simbólica entre Sol, herói, homem[155] – como aparece na sequência de imagens arquetípicas da "viagem noturna pelo mar" – é expressa de modo profundamente significativo num rito chinês. No Período Han, era comum na China construir os caixões com quatro tábuas, retiradas de quatro árvores diferentes, dos quatro pontos cardeais. Sobre o caixão se colocava uma guirlanda nas quatro cores dos quatro pontos cardeais, e seus quatro lados eram decorados com os quatro animais simbólicos dessas regiões. A guirlanda acabava, no topo, numa pirâmide cuja ponta simbolizava o Polo Norte; além disso, as sete estrelas da Ursa Maior eram afixadas em vários pontos do caixão como ornamento. Todo o arranjo do caixão era chamado o *grande dragão*, o "carro" em que, durante a noite, o Sol viajava por todo o oceano celeste. Segundo a concepção geral, a morte de uma pessoa correspondia ao pôr do sol, razão pela qual o corpo era posto no caixão no momento da maré alta, uma vez que o sol é engolido pela água; e era considerado sinal de futura felicidade se chovesse profusamente tão logo se fechasse a cova. O mais importante, contudo, era o lugar onde o caixão era baixado, pois, para assegurar o renascimento, tinha de ser um "lugar do meio", onde todas as quatro partes do mundo, juntamente com suas forças, podiam se desenvolver de modo igual[156]. Essa história fala por si. Podemos redescobrir nela até mesmo a grande importância da quaternidade que tínhamos visto no sonho do "animal mau", e quando a reduzimos à sua essência, percebemos que suas "linhas mestras" correspondem quase

---

155. Cf. p. 60s. acima.
156. FUHRMANN, E. *Das Tier in der Religion*, p. 29.

exatamente à "viagem noturna por mar" ou ao sonho que estamos analisando.

O pôr e o nascer do sol, como entrada no útero e como nascimento constantemente recorrente a partir dele (o que, no âmbito psíquico, pode ser definido como morte e renascimento da energia psíquica), são também uma imagem do tempo e de seu curso, que os alquimistas simbolizaram com o Ouroboros, e também com um dragão[157]. Era a serpente ou o dragão que, mordendo a cauda, exprimia – conforme o caso – a *opus circulare* da alquimia[158], o fluxo de todas as coisas vivas, a roda da *samsara* ou o ciclo do renascimento eterno.

Mas não era em todos os mitos e contos de fadas que o tempo estava ligado à trajetória do Sol; havia também, muitas vezes, as fases da Lua, que geravam os segmentos temporais. Um belo exemplo disso é a história do *Lobo e os sete cabritinhos*[159]. As fases da Lua, como cabritinhos, depois de muitas tentativas ardilosas da noite, são, de fato, devorados; mas, no final, enquanto o lobo está dormindo – ou seja, durante um eclipse lunar – e a mamãe cabra abre sua barriga, todos saem sãos e salvos, de modo que o disco lunar pode começar a crescer novamente. Não importa, contudo, afirmar se há um simbolismo do movimento solar ou lunar; a semelhança estrutural e o elemento significativo neles são o processo cíclico, em que a cadeia de renascimentos não é interrompida. Nesse contexto, os "animais menores" podem representar os

---

157. JUNG. *Psychologie und Alchemie*, p. 75, fig. 6. Cf. tb. fig. 5, p. 208.

158. "A natureza alegra-se com a natureza, a natureza governa a natureza, a natureza triunfa sobre a natureza", diz um autor anônimo latino tardio, referindo-se à *opus circulare* da alquimia, simbolizada no Ouroboros (apud JUNG. *Von den Wurzeln des Bewusstseins*. Vol. IV, p. 451, nota 234).

159. *Grimms-Märchen, Manesse Bibliothek der Weltliteratur*. Vol. I, p. 53.

Complexo, arquétipo e símbolo

segmentos individuais do tempo, que compõem o material do ciclo (cf. fig. 3).

No entanto, vista de outra perspectiva, a "viagem noturna por mar" pode ser vista como uma experiência única, decisiva, em que a ênfase não está sobre o "eterno retorno" do mesmo, mas sobre uma "transformação para algo superior". Os "pequenos animais" seriam, então, a matéria-prima a ser transformada, e o sonho inteiro poderia ser considerado uma espécie de mistério de redenção individual ou cósmica – dependendo da perspectiva adotada. Se o significado do sonho se ajusta melhor a uma concepção cristã, que conhece apenas uma redenção única do mundo e do homem, ou a uma concepção pagão-mitológica, que, tal como a indiana ou germânica, vê criação, morte e renascimento como um ciclo recorrente, é algo que também depende do ponto de vista do observador.

Jung também vê a imagem arquetípica da "viagem noturna pelo mar" como um símile do "caminho da individuação"[160]. Quando a psique atinge a meia-idade, seu processo de desenvolvimento exige um retorno ao início, uma descida às profundezas escuras e quentes do inconsciente. Perseverar nessas profundezas, resistir a seus perigos é uma viagem ao inferno e à "morte". No entanto, quem escapa delas, quem "renasce", retornará cheio de conhecimento e sabedoria, equipado para a vida exterior e interior. Essa pessoa foi empurrada até seus limites e tomou seu destino nas mãos. Essa "grande *nekyia*", que geralmente leva ao limiar do além, é atravessada, entrelaçada por inúmeras pequenas experiências de *nekyia*, por todos os inúmeros sofrimentos, choques, trevas psíquicas que circundam todos os seres vivos; mas lutar com eles e resistir a

---

160. Cf. p. 133s., na Parte I deste livro.

eles resultam em maior compreensão e segurança. O grande arco da "viagem noturna por mar" contém, portanto, muitos pequenos ritmos, pequenos arcos do mesmo "padrão básico". Aqui também, o caráter único e a recorrência cíclica estão estreitamente ligados.

De acordo com o sentido, a humanidade sempre forneceu nova interpretação ao mesmo evento que ela fez vir novamente à tona do fundo escuro de sua psique, na variedade colorida de imagens arquetípicas. Nascimento, vida, morte e renascimento se inter-relacionam; eles são uma totalidade, representam um "padrão primordial", que encontrou a sua expressão em símbolos que o retrataram como unidade arredondada; ou em símbolos que o mostraram como membros individuais de uma cadeia infinita, por assim dizer, como um "momento de eternidade no tempo"[161].

A imagem arquetípica é, de acordo com seu conteúdo, sempre sobredeterminada; ela pode ser interpretada e compreendida em diferentes níveis; preserva seu sentido com base em vários aspectos. A "viagem noturna por mar", como um evento único ou como um elo de uma cadeia de suas repetições, também foi expressa nos mitos. Há mitos com dragão-baleia em que o dragão vomita o seu conteúdo, então continua a viver, engole novas vítimas, vomita-as novamente e assim por diante; e há aqueles em que os "engolidos" renascem, mas o dragão morre, como é o caso em nosso sonho.

O sonho do "animal mau" representa, por assim dizer, como paradigma, um membro, um "elo" individual numa cadeia de dramas recorrentes, ou ele é um drama único? Tomando o sonho por si mesmo, por assim dizer, como modelo

---

161. JUNG. *Gestaltungen des Unbewussten*, p. 48.

Complexo, arquétipo e símbolo

213

do arquétipo da "viagem noturna pelo mar", sem referência à menina que o sonhou, ambas as possibilidades poderiam ser válidas para eles. Mas se a sonhadora é levada em consideração – e, caso não o façamos, dificilmente poderíamos fazer justiça ao sonho –, não devemos negligenciar o fato de que o cenário onde ocorre o grande confronto entre os dois mundos animal e divino é a própria psique inconsciente da menina, e todas as analogias representam apenas um símile desse evento. O sonho e o que ele tinha a comunicar é, para essa menina, um evento único, não repetido; e a "viagem marítima noturna" de suas substâncias psíquicas, os "pequenos animais", são ao mesmo tempo uma experiência na qual os componentes da alma individual alcançam a fusão com as imagens arquetípicas da base coletiva do renascimento.

Em certo sentido, portanto, o sonho é uma parte do processo infinito e atemporal do morrer e do devir; mas, em outro sentido, é um processo único, fechado em si. Em cada uma dessas seções, repete-se a agonia da morte e o triunfo da vida que ressurge, formando um símile do que cada indivíduo vivencia por si, de modo sempre único e irrepetível, mas também como um membro na cadeia de gerações, na infinita série da espécie humana. Nesse sentido, o pessoal-único e o coletivo-típico se sobrepõem quase ao ponto da indistinguibilidade. "Em última análise todos os eventos psíquicos se fundam no arquétipo e se acham de tal modo entrelaçados com este" – diz Jung – "que é necessário um esforço crítico considerável para distinguir com segurança o singular do tipo. Disso resulta que toda vida individual é, ao mesmo tempo, a vida do éon da espécie"[162]. Segundo essa compreensão, revelam-se no

---

162. JUNG. *Psychologie und Religion*, p. 160.

sonho tanto o fluxo natural imutável em eternamente renovação quanto a possível vitória do espírito sobre a matéria, uma vitória a ser conquistada para conferir à vida um significado mais profundo. O que se passa na vida individual também se passa na cadeia interminável de todas as criaturas. Pois não é só o indivíduo que está no meio do universo; este também está dentro de nós mesmos.

"Só posso contemplar com admiração e temor as profundezas e alturas de nossa natureza psíquica" diz Jung.

Seu universo não espacial esconde uma indizível abundância de imagens que se acumularam durante milhões de anos de desenvolvimento da vida e fixaram-se no organismo. Minha consciência é como um olho que contém em si os mais distantes espaços; no entanto, é o não eu psíquico que os preenche não espacialmente. E essas imagens não são pálidas sombras, mas sim fatores psíquicos tremendamente poderosos, que apenas compreendemos mal, mas jamais podemos roubar sua força negando-os. Ao lado dessa visão eu gostaria de colocar o espetáculo da noite estrelada, pois o único equivalente do universo interior é o universo exterior; e assim como atinjo este mundo pela mediação do corpo, também atinjo aquele mundo pela mediação da psique[163].

---

163. JUNG. "Introdução a W. Kranefeld". *Die Psychoanalyse*. Leipzig, 1930, p. 15.

Conclusão

No "sonho do animal mau"[164], a sonhadora é confrontada com uma realidade interior que vai muito além de sua capacidade de compreensão; é uma realidade que atesta o poder misterioso da psique inconsciente e que só se pode revelar no símbolo. A própria menina vivencia o sonho, mas seu eu consciente fica fora. Sua memória preservou o sonho, mas ela não faz comentários a seu respeito. Tampouco nossa capacidade de interpretação pode abarcar a plenitude de significados que tal sonho guarda. Sua concisão e completude surpreendentes e sua profundidade insondável sempre escaparão à palavra interpretativa e à expressão adequada. Portanto, o que pudermos notar e mostrar aqui, cautelosamente, a fim de obter algum *insight*, deve ser tomado como modesta tentativa de melhor compreender o sonho.

*

Se tivermos em conta que os sonhos – na concepção de Jung – devem ser vistos como autorrepresentação dos pro-

---

[164]. O sonho pertence à coletânea de C.G. Jung, que ele obteve com o pai da criança após a morte desta, em conjunto com os outros sonhos da série. Quero aqui agradecer a Jung por tê-lo cedido para o presente trabalho.

cessos no inconsciente e como compensação do estado de consciência, devemos tentar compreender esse sonho como pertencente a uma situação de vida específica, preexistente. É extraordinariamente difícil inferir conclusões sobre essa situação, tal como seria possível notar na vida exterior da sonhadora, porque a menina não contribuiu com nenhuma associação pessoal sobre o sonho e nós não tivemos acesso nem às condições externas nem às internas em que ela o sonhou. Em todo caso, sabemos que tais sonhos arquetípicos, com caráter simbólico tão intenso, aparecem sempre em constelações existencialmente significativas. "É muitíssimo provável que a ativação de um arquétipo se deva a uma mudança nas disposições da consciência, que requer uma nova forma de compensação", diz Jung[165]. Se quisermos explorar o significado de tais sonhos, poderemos abordá-los apenas de pontos de vista muito gerais e com base na experiência com o tratamento e processamento de tal material.

É digno de nota que os diferentes elementos do sonho – o animal mau, os pequenos animais, a névoa azul, o bom Deus, os quatro deuses bons – têm forma bastante vaga e turva. Eles parecem, portanto, ilustrar ideias arquetípicas coletivas que, em grande parte, ainda não foram tocadas pela diferenciação da experiência individual; isto é, pertencem a uma "camada" muito profunda da psique. Pois, em muitos casos, pode-se afirmar quanto mais um problema é condicionado por elementos temporais e pessoais, mais intricados, detalhados e agudos são os contornos da imagem ou do sonho que o expressa. No entanto, quanto mais geral e impessoal é o problema, mais econômico e simbólico será o modo de representá-lo. Sonhos

---

165. JUNG. *Symbolik des Geistes*, p. 378.

Complexo, arquétipo e símbolo

detalhados, de contornos precisos, geralmente se referem a uma problemática apenas individual e derivam mais da esfera do inconsciente pessoal. Ao contrário, aqueles com detalhes esparsos e imagens simples proporcionam *insights* sobre os grandes contextos do mundo e da vida[166] e, como em nosso caso, provêm do inconsciente coletivo. Sempre atestam uma profunda imersão do sonhador nele.

Isso não é muito raro em crianças, pois seu eu ainda não está consolidado e se encontra mais próximo das bases primordiais da psique do que o eu dos adultos. No entanto, um sonho com um simbolismo, por assim dizer, cósmico e uma carga dinâmica como essa não acontece todo dia; ele reflete, em suas imagens e processos arquetípicos, um conflito real, profundamente perturbador, provavelmente não processável pela consciência, porque inapreensível.

Sabemos que a menina teve esse sonho com oito anos de idade e que ela apresentava um desenvolvimento relativamente precoce, talvez já se encontrasse numa fase incipiente de pré-puberdade. Nesses períodos, o inconsciente é sempre tomado por inquietação e comoção especiais, que muitas vezes se manifestam em sonhos de grande poder criativo. O que está por vir ainda está oculto no inconsciente e inicialmente só pode se apresentar a nós na forma de símbolos. Sabemos também que a menina morreu cerca de um ano depois; embora a doença infecciosa que causou sua morte não tivesse de nenhuma maneira se apoderado de seu corpo na época do sonho, a psique da criança pode ter tido um pressentimento dela. Jung diz expressamente: "Por mais incompreensível que isso pareça, nós nos vemos, afinal, forçados a admitir que há,

---

166. Cf. p. 126 deste livro.

no inconsciente, uma espécie de conhecimento, ou melhor, 'presença' *a priori* de acontecimentos", que se manifestam, por exemplo, em sonhos na forma de imagens e processos arquetípicos, que "se acham em relação análoga com eventos objetivos que não têm com eles nenhuma relação causal reconhecível, ou mesmo imaginável"[167]. E em outra parte: "É uma experiência ocasional ocorrer na época do início da doença, *ou muito antes disso*[168], um sonho, frequentemente de nitidez visionária, que se grava para sempre na memória e durante a análise desvenda um sentido oculto ao paciente, antecipando os acontecimentos subsequentes da vida"[169]. Portanto, até mesmo com um intervalo de vários meses[170]. O fim, já contido no destino, se ilumina como uma visão diante do olho interior, que contempla imagens arquetípicas em sonhos[171]. Porque espaço e tempo são categorias que emergem da consciência ou de sua "atividade diferenciadora". No inconsciente coletivo e suas manifestações, ainda impera o "tempo mítico", em que passado e futuro são um só, isto é, são sempre também o presente[172].

Os "processos naturais de transformação" inatos a todos os seres vivos, e que desempenham papel importantíssimo

---

167. JUNG. *Synchronizität*, p. 33.

168. Grifo meu.

169. JUNG. *Symbole der Wandlung*, p. 83s.

170. Isto se aplica também quando um sonho deste tipo ocorre fora de uma análise, cujo significado, portanto, permanece oculto ao sonhador, mas é confirmado pelos acontecimentos posteriores da vida.

171. "Tudo o que é velho em nosso inconsciente significa algo por vir", diz Jung (*Psychologische Typen*, p. 549).

172. Seguindo Agostinho, Jung expressou isso apropriadamente com as palavras: "O que acontece sucessivamente no tempo é simultâneo no espírito divino" (*Synchronizität*, p. 106, nota).

no período da puberdade, formam, de acordo com Jung, o "fundamento de todas as concepções de renascimento; eles se anunciam principalmente nos sonhos"[173]. Eles nos acontecem, queiramos ou não. E porque toda "transição" de uma fase da vida para outra conduz, pela "morte" da anterior, ao "nascimento" da nova, podemos, por experiência, inferir, ao depararmos com sonhos que contêm um simbolismo do renascimento, a presença de uma menor ou maior crise no sonhador. Por isso, é perfeitamente concebível que o estado psíquico de nossa pequena sonhadora fosse tenso, vulnerável[174].

Isso é corroborado, por exemplo, pelo fato de que ela parece ter tido uma relação especial, "íntima", direta, um contato estreito com o mundo das imagens internas, pois, de outro modo, dificilmente lhe teria ocorrido a ideia, bastante incomum para uma criança de sua idade, de entregar seus sonhos ao pai como um presente de Natal. Eles deviam possuir alto valor para ela, que os levou a sério e os viu como importantes. Na série desses sonhos, o do "animal mau" era o último. Nele se levanta o problema central da duplicidade imanente da psique, e a natureza dual animal-divina do homem, presente no si-mesmo como tensão de opostos, é elevada ao grau de um dilacerante conflito e encenada dramaticamente[175]. Talvez

---

173. JUNG. *Gestaltungen des Unbewussten*, p. 66s.

174. "A experiência mostra que mandalas individuais (o padrão básico do sonho que estamos examinando pode muito bem ser visto como mandala) são símbolos de ordem e ocorrem nos pacientes principalmente durante períodos de desorientação ou reorientação psíquica. Como círculos mágicos, eles esconjuram as forças sem lei do mundo obscuro e retratam ou criam uma ordem que transforma o caos em um cosmos", diz Jung (*Aion*, p. 56).

175. Sobre o si-mesmo e sua antinomia imanente, indico os escritos de Jung, principalmente seus livros *Psicologia e Alquimia* e *Aion*, bem como os dois volumes sobre o *Mysterium conjunctionis*.

ele represente, portanto, uma espécie de resumo ou a última tentativa de dar significado aos sonhos precedentes na série.

A divindade saiu vitoriosa, o mundo da luz parece assegurado, porque o monstro está morto, e os "pequenos animais" renascidos podem continuar a se desenvolver em liberdade e sem ameaças. A eliminação do mundo escuro pode ter dado inicialmente uma sensação reconfortante, até mesmo redentora de segurança. Ela, num processo de compensação, proporcionou à psique da sonhadora aquela crença e certeza que ela provavelmente não tinha na vida desperta. Crianças protegidas e psiquicamente sensíveis – e certamente a pequena sonhadora era uma delas – muitas vezes encontrarão resposta e alívio nos sonhos para a ansiedade do cotidiano, que elas dificilmente admitem[176]. Um medo indefinível é um sintoma comum em crianças. Medo da vida e medo da morte ainda estão muito próximos entre si, sendo dificilmente distinguíveis na mente da criança. As crianças vivem em um mundo de gigantes poderosos, os adultos, e se orientam com dificuldade na luta entre o bem e o mal. No entanto, a perda do submundo, da contraparte escura dos deuses luminosos, pode ser apenas temporária na vida terrena, por exemplo, em sonhos ou fantasias. Do contrário, a alma da sonhadora já seria arrebatada, já agora, a um mundo constantemente brilhante, ao "céu", ela se perderia para a realidade terrena. Faz parte da condição humana que ambos os poderes travem combate nas

---

176. Num interessante artigo sobre "A autorregulação anancástica em crises de vida" (*Der nervenarzt*, cad. 10, out./1954), R. Bilz, da Clínica Psiquiátrica em Mainz, diz: "Há um *iatros* interior, um psicoterapeuta, na criança [...] há um regenerador de equilíbrio endógeno que realiza a *restitutio ad integrum* [...]. Com efeito, nossa convicção é de que há uma regência de autocura, que dispõe de manifestações catárticas lúdicas, e a regência do sonho parece fazer uso dessas manifestações para restaurar a saúde".

Complexo, arquétipo e símbolo

profundezas da psique, e seu constante confronto é parte do paradoxo da própria vida.

Estados de agitação pré-púberes, conflitos reais com o entorno e medos do que há de escuro nele, a batalha entre o bem e o mal que desce à profundeza da alma, que devem ser eliminados e resolvidos compensatoriamente por uma "intervenção superior", bem como um pressentimento inconsciente do fim iminente da vida – tudo isso pode ter contribuído para a ocorrência desse sonho. Mas se pusermos de lado as habituais questões redutoras de "como" e "por quê" e, na acepção da psicologia analítica de Jung e do caráter teleológico dos processos psíquicos, indagarmos pelo "para quê?" – isto é, por qual finalidade a menina teve justamente esse sonho, nessa forma, com esse conteúdo e nesse momento? –, chegaremos a outra reflexão, que talvez não seja completamente fora de propósito, podendo servir como uma pista orientadora.

Um sonho – especialmente um de grande força expressiva – também pode, tal como a participação em mistérios e iniciações, ritos e cultos ou espetáculos dramáticos emocionantes, trazer a certeza de uma experiência imediata e concreta, como se o sonhador tivesse tido a experiência em estado de vigília. Ele se imprime na psique de dentro para fora e atua nela, mesmo que não seja acompanhado de nenhum evento externo e, geralmente, mesmo sem qualquer tomada de posição consciente. Quem no simbolismo de um sonho, como o do "animal mau", participou do mistério da morte e do renascimento já experimentou em seu coração que o fim pode ser, ao mesmo tempo, um começo. E é possível – mesmo que seja apenas em sonho – sofrer a morte e ainda assim não morrer, retornar vivo do corpo do animal do caos, da noite escura do mundo inferior: esta será sempre uma experiência única da mais penetrante força. Assim, a vaga intuição de uma possível imortalidade pode surgir na alma e apaziguar suas ondas tempestuosas.

Nascimento, vida, morte e renascimento são quatro momentos do mesmo mistério, e entre eles não há nenhuma ruptura. Se não há ruptura, então desaparece o medo da morte. Visto desse modo, o sonho pode, talvez, ser entendido como uma "tentativa" do inconsciente de comunicar à pequena sonhadora a imagem cósmica primordial, mas também a imagem humano-psíquica do caminho que passa pela morte rumo à vida nova.

Seria talvez essa a "verdade" que o sonho pretendeu dizer à menina? Ele lhe foi dado como um guia para o caminho e uma consoladora perspectiva, como uma revelação benéfica? – Quem se atreveria a decidir?

*

"Nenhum sonho diz: 'Você deve' ou 'esta é a verdade'; ele apenas propõe uma imagem, tal como a natureza que faz a planta crescer. Compete a nós mesmos tirar as conclusões [...]. Para compreender seu sentido, é preciso permitir que ele nos modele." Então também entendemos o que ele provocou:

> Ele tocou aquela profundeza psíquica salutar e redentora, onde nenhum indivíduo se isolou na solidão da consciência para seguir um caminho falso e doloroso; onde ainda todos estão envolvidos na mesma vibração e, portanto, a sensibilidade e a ação do indivíduo ainda se estende a toda humanidade. A reimersão na condição originária da *participation mystique* é o segredo [...] que a experiência de um sonho nos concede; mergulhar

Complexo, arquétipo e símbolo

em suas imagens arquetípicas, fundir-se com elas, pode exercer um efeito transformador e redentor na alma do sonhador[177].

Todo sonho é uma declaração da psique sobre si mesma. Que ele tenha se revelado para uma criança, não muito antes de sua morte, dessa maneira tão profunda, é um fato surpreendente; é, por assim dizer, o milagre de uma participação auxiliadora do inconsciente. Pois as respostas aos mistérios do dia e as soluções para o enigma do futuro estão todos incluídos em seu útero primordial. Por isso, as imagens e símbolos que ele gera têm sempre algo de fatídico. "Talvez – quem sabe – essas imagens eternas sejam o que se chama destino"[178].

---

177. JUNG. *Gestaltungen des Unbewussten*, p. 35s.
178. JUNG. *Über die Psychologie des Unbewussten*, p. 195s.

Coleção Reflexões Junguianas
Assessoria: Dr. Walter Boechat

- *Puer-senex – Dinâmicas relacionais*
Dulcinéa da Mata Ribeiro Monteiro (org.)
- *A mitopoese da psique – Mito e individuação*
Walter Boechat
- *Paranoia*
James Hillman
- *Suicídio e alma*
James Hillman
- *Corpo e individuação*
Elisabeth Zimmermann (org.)
- *O irmão: psicologia do arquétipo fraterno*
Gustavo Barcellos
- *Viver a vida não vivida*
Robert A. Johnson e Jerry M. Ruhl
- *Sonhos – A linguagem enigmática do inconsciente*
Verena Kast
- *O encontro analítico*
Mario Jacoby
- *O amor nos contos de fadas*
Verena Kast
- *Psicologia alquímica*
James Hillman
- *A criança divina*
C.G. Jung e Karl Kerényi
- *Sonhos – Um estudo dos sonhos de Jung*
Marie-Louise von Franz
- O livro grego de Jó
Antonio Aranha
- *Ártemis e Hipólito*
Rafael López-Pedraza
- *Psique e imagem*
Gustavo Barcellos
- *Sincronicidade*
Joseph Cambray
- *A psicologia de C.G. Jung*
Jolande Jacobi
- *O sonho e o mundo das trevas*
James Hillman
- *Quando a alma fala através do corpo*
Hans Morschitzky e Sigrid Sator
- *A dinâmica dos símbolos*
Verena Kast
- *O asno de ouro*
Marie-Louise von Franz

- *O corpo sutil de eco*
Patricia Berry
- *A alma brasileira*
Walter Boechat (org.)
- *A alma precisa de tempo*
Verena Kast
- *Complexo, arquétipo e símbolo*
Jolande Jacobi
- *O animal como símbolo nos sonhos, mitos e contos de fadas*
Helen I. Bachmann
- *Uma investigação sobre a imagem*
James Hillman
- *Desvelando a alma brasileira*
Humbertho Oliveira (org.)
- *Jung e os desafios contemporâneos*
Joyce Werres
- *Morte e renascimento da ancestralidade da alma brasileira*
Humbertho Oliveira (org.)
- *O homem que lutou com Deus*
John A. Sanford
- *O insaciável espírito da época*
Humbertho Oliveira, Roque Tadeu Gui e Rubens Bragarnich (org.)
- *A vida lógica da alma*
Wolfgang Giegerich
- *Filhas de pai, filhos de mãe*
Verena Kast
- *Abandonar o papel de vítima*
Verena Kast
- *Psique e família*
Editado por Laura S. Dodson e Terrill L. Gibson
- *Dois casos da prática clínica de Jung*
Vicente L. de Moura
- *Arquétipo do Apocalipse*
Edward F. Edinger
- *Perspectivas junguianas sobre supervisão clínica*
Paul Kugler
- *Introdução à Psicologia de C.G. Jung*
Wolgang Roth